2023 학년도

대·학·별·논·술·실·전·모·의·고·사

수원대
최종모의 논술고사
[인문계]

정답 및 해설

수원대 논술
파이널 실전모의고사[인문계]

인쇄일 2022년 10월 1일 초판 1쇄 인쇄　　　**발행처** 시스컴 출판사
발행일 2022년 10월 5일 초판 1쇄 발행　　　**발행인** 송인식
등　록 제17-269호　　　　　　　　　　　**지은이** 타임논술연구소
판　권 시스컴 2022

ISBN　979-11-6941-013-7 13370
정　가　11,000원

주소 서울시 금천구 가산디지털1로 225, 514호(가산포휴)　|　**홈페이지** www.siscom.co.kr
E-mail siscombooks@naver.com　|　**전화** 02)866-9311　|　**Fax** 02)866-9312

발간 이후 발견된 정오사항은 나두공 홈페이지 도서정오표에서 알려드립니다(나두공 홈페이지→자격증→도서정오표).

국어 영역

01

[모범답안]

ⓐ 존속 회사의 주식

ⓑ 주주가 회사를 상대로 자신이 보유하고 있는 주식을 되사 줄 것을 요구하는 권리

[바른해설]

제시문에 따르면 회사 합병은 여러 회사의 직원과 순자산을 하나의 회사로 합치는 것으로, 합병에 찬성하는 소멸 회사의 주주는 합병 대가로 존속 회사의 주식을 받게 되고, 합병에 반대하는 존속 회사 또는 소멸 회사의 주주에게는 주주가 회사를 상대로 자신이 보유하고 있는 주식을 되사 줄 것을 요구하는 권리인 주식 매수 청구권이 부여된다.

[채점기준]

답안	배점	예상 소요 시간
ⓐ 존속 회사의 주식	5점	5분 / 전체 80분
ⓑ 주주가 회사를 상대로 자신이 보유하고 있는 주식을 되사 줄 것을 요구하는 권리	5점	

02

[모범답안]

ⓐ 70억 / ⓑ 42억 / ⓒ 28억

[바른해설]

ⓐ 순자산은 자산에서 부채를 뺀 금액이므로, '(주)착한맛'의 분할 전 순자산은 100억 원의 자산에서 30억 원의 부채를 뺀 70억 원이다.

ⓑ 분할 후 '(주)착한맛'의 순자산은 분할 비율이 0.4이고 존속 회사이므로, 분할 전 순자산인 70억 원의 0.6배인 42억 원이 된다.

ⓒ 분할 후 '(주)꼬꼬맛'의 순자산은 분할 비율이 0.4이고 신설 회사이므로, 분할 전 순자산인 70억 원의 0.4배인 28억 원이 된다.

[채점기준]

답안	배점	예상 소요 시간
ⓐ 70억	2점	
ⓑ 42억	4점	5분 / 전체 80분
ⓒ 28억	4점	

03

[모범답안]

ⓐ 다양성의 인식과 존중
ⓑ 문화 간 차이의 인정
ⓒ 타문화가 사회에 이바지하도록 장려하는 일

[바른해설]

제시문의 두 번째 단락에서 다문화주의의 개념을 밝힌 후 그 구체적인 의미를 하위의 각 단락에서 설명하고 있다. ⓐ는 다문화주의의 첫 번째 구성 요소인 '문화의 다양성을 인식하고 존중하는 것'에 대해, ⓑ는 두 번째 구성 요소인 '문화 간 차이를 인정하는 것'에 대해, ⓒ는 세 번째 구성 요소인 '다른 문화가 사회에 이바지하도록 장려하는 것'에 대해 각각 구체적인 의미를 풀어 설명하고 있다. 그러므로 위의 순서에 따라 ⓐ에는 '다양성의 인식과 존중', ⓑ에는 '문화 간 차이의 인정', 그리고 ⓒ에는 '타문화가 사회에 이바지하도록 장려하는 일'이 들어갈 말로 적절하다.

[채점기준]

답안	배점	예상 소요 시간
ⓐ 다양성의 인식과 존중	3점	
ⓑ 문화 간 차이의 인정	3점	5분 / 전체 80분
ⓒ 타문화가 사회에 이바지하도록 장려하는 일	4점	

04

[모범답안]

상호 유기적인 결합을 통해 총체적인 의미 작용을 하는 통합적인 관계이다.

[바른해설]

제시문의 여섯 번째 단락에서 네 가지 차원의 다문화주의 요소는 서로 단절된 의미로 구성되고 작용하는 것이 아니라 '상호 유기적인 결합을 통해 총체적인 의미 작용을 하는 통합적인 관계'로 이해해야 한다고 기술되어 있다.

[채점기준]

답안	배점	예상 소요 시간
상호 유기적인 결합을 통해 총체적인 의미 작용을 하는 통합적인 관계이다.	10점	5분 / 전체 80분

[05~06]

갈래	현대 수필, 경수필	특징	• 유사한 성격의 사례들을 제시하고 있다.
성격	교훈적, 사색적, 종교적		• 대립되는 소재의 대비를 통해 주제를 효과적으로 드러 낸다.
제재	설해를 입은 나무		• 자연의 질서와 인간의 삶의 모습이 교차되어 나타난다.
주제	부드러움이 지닌 힘		

05

[모범답안]

(하얀) 눈

[바른해설]

위 작품의 제목인 '설해목'은 '눈으로 피해를 입은 나무'를 일컫는 것으로, 본문에 겨울철 아름드리나무들이나 소나무들이 가지 끝에 사뿐사뿐 내려 쌓이는 그 가볍고 하얀 눈에 꺾인다고 묘사되어 있다. 그러므로 ⓐ의 '부드러운 것'은 가볍고 연약해 보이지만 강한 힘을 발휘하는 존재인 '(하얀) 눈'을 지칭한다.

[채점기준]

답안	배점	예상 소요 시간
(하얀) 눈	10점	3분 / 전체 80분

06

[모범답안]

부드러움이 강함을 이긴다.

[바른해설]

윗글의 ⓑ에서 '무쇠로 된 정'은 '강한 것'을 의미하고, '물결'은 '부드러운 것'을 의미한다. 즉, 바닷가의 조약돌을 둥글게 만든 것은 무쇠로 된 강한 정이 아니라 부드러운 물결 때문임을 말하고 있다. 이것은 윗글의 주제에 해당되며 '부드러움이 강함을 이긴다'는 역설적인 발상을 통해 삶의 지혜를 일깨워 주고 있다.

[채점기준]

답안	배점	예상 소요 시간
부드러움이 강함을 이긴다.	10점	5분 / 전체 80분

[07~09]

갈래	고전 소설, 국문 소설, 염정 소설	특징	• 국내를 배경으로 사실과 허구를 적절히 조화
성격	애정적, 사실적, 사회비판적		• 남녀 간의 사랑을 다루면서 사회에 대한 비판과 역사의식을 드러냄
배경	• 시간: 조선 중종 • 공간: 한양		• 전기적인 서사 구조를 개연성 있는 허구로 전환시켜서 표현함
주제	부당한 권력에 맞서 이루어 낸 지극한 사랑		

07

[모범답안]

내, 주라

[바른해설]

'늑혼(勒婚)'이란 억지로 혼인을 하는 것을 말하는데, 〈보기〉에서 「윤지경전」은 임금이 주인공에게 혼인을 강제하는 늑혼(勒婚) 모티프를 서사적으로 전개한 애정 소설이라고 하였다. 윗글에서 임금이 "내 윤지경을 못 제어하리요. 군부를 욕한 죄로 의금부에 가두고, 또 윤현을 가두고 길례날을 받아 놓고, 최홍일은 빙채를 도로 주라."며 말한 부분에 이러한 늑혼(勒婚) 모티프가 잘 드러나 있다. 따라서 해당 문장에서 첫 어절은 '내'이고, 마지막 어절은 '주라'이다.

[채점기준]

답안	배점	예상 소요 시간
내	5점	5분 / 전체 80분
주라	5점	

08

[모범답안]

기고만장

[바른해설]

윗글의 ⓐ는 장원 급제를 한 지경이 연성 옹주의 부마될 것을 거절하자, 임금이 어린 나이에 출세하여 세상을 우습게 여겨 옹주와의 혼인을 꺼린다고 생각하며 한 말이다. 그러므로 〈보기〉의 빈칸에는 '일이 뜻대로 잘 되어 우쭐하여 뽐내는 기세가 대단함'을 뜻하는 '기고만장(氣高萬丈)'이 들어갈 한자성어로 적절하다.

[채점기준]

답안	배점	예상 소요 시간
기고만장	10점	4분 / 전체 80분

09

[모범답안]

소신이 뚜렷한 인물이다.

[바른해설]

위의 작품은 남성 주인공인 윤지경이 부당한 권력에 맞서 자신의 사랑을 지키려는 모습을 그린 애정 소설이다. ⓑ의 '죽어도 항복하지 아니하리이다'라는 말을 통해 윤 지경이 임금 앞에서도 자신의 주장을 굽히지 않는 '소신이 뚜렷한 인물'임을 알 수 있다.

[채점기준]

답안	배점	예상 소요 시간
소신이 뚜렷한 인물이다.	10점	5분 / 전체 80분

수학 영역

10
[모범답안]

$p^{-1} \times q^{-1} = \frac{1}{3}$에서 $\frac{1}{p} \times \frac{1}{q} = \frac{1}{3}$이므로

$\therefore p \times q = 3$

또한 $p^{-1} + q^{-1} = 1$에서 $\frac{1}{p} + \frac{1}{q} = \frac{p+q}{pq} = 1$이므로

$\therefore p + q = pq = 3$

따라서

$p^2 + q^2 = (p+q)^2 - 2pq = 3^2 - 2 \times 3 = 9 - 6 = 3$

[채점기준]

답안	배점	예상 소요 시간
$p \times q = 3$	3점	
$p + q = 3$	3점	3분 / 전체 80분
$p^2 + q^2 = (p+q)^2 - 2pq = 3$	4점	

11
[모범답안]

① $\dfrac{1}{3+6+9+\cdots+3n}$

② $\dfrac{2}{3}\left(\dfrac{1}{n} - \dfrac{1}{n+1}\right)$

③ $\dfrac{12}{19}$

[채점기준]

답안	배점	예상 소요 시간
주어진 수열의 n번째 항을 a_n이라 하면 분모의 값이 3만큼 증가하므로 $a_n = \dfrac{1}{3+6+9+\cdots+3n}$ 그러므로 ① $= \dfrac{1}{3+6+9+\cdots+3n}$	4점	
따라서 $a_n = \dfrac{1}{3+6+9+\cdots+3n}$ $= \dfrac{1}{\sum_{k=1}^{n} 3k} = \dfrac{2}{3n(n+1)}$, 이므로 $\dfrac{2}{3n(n+1)}$ $= \dfrac{2}{3}\left(\dfrac{1}{n} - \dfrac{1}{n+1}\right)$ 그러므로 ② $= \dfrac{2}{3}\left(\dfrac{1}{n} - \dfrac{1}{n+1}\right)$	3점	4분 / 전체 80분
따라서 수열의 첫째항부터 제18항까지의 합은 $\dfrac{2}{3}\sum_{k=1}^{18}\left(\dfrac{1}{k} - \dfrac{1}{k+1}\right) = \dfrac{2}{3}\left\{\left(\dfrac{1}{1} - \dfrac{1}{2}\right) + \left(\dfrac{1}{2} - \dfrac{1}{3}\right) + \cdots + \left(\dfrac{1}{18} - \dfrac{1}{19}\right)\right\}$ $= \dfrac{2}{3}\left(\dfrac{1}{1} - \dfrac{1}{19}\right)$ $= \dfrac{2}{3} \times \dfrac{18}{19}$ $= \dfrac{12}{19}$ 그러므로 ③ $= \dfrac{12}{19}$	3점	

12
[모범답안]

조건 (나)에서

$-1 \le f(x) - x^2 - x + 1 \le 1$

$x^2 + x - 2 \le f(x) \le x^2 + x$

x가 0이 아닐 때, $x^2 > 0$이므로 양변을 x^2으로 나누어주면

$1 + \dfrac{1}{x} - \dfrac{2}{x^2} \le \dfrac{f(x)}{x^2} \le 1 + \dfrac{1}{x}$

이때 $\lim_{x \to \infty}\left(1 + \dfrac{1}{x} - \dfrac{2}{x^2}\right) = 1$, $\lim_{x \to \infty}\left(1 + \dfrac{1}{x}\right) = 1$이므로

함수의 극한의 대소 관계에 의하여

$\therefore \lim_{x \to \infty} \dfrac{f(x)}{x^2} = 1$

따라서 함수 $f(x)$는 최고차항의 계수가 1인 이차함수이다.

한편, 조건 (가) $\lim_{x \to 0} \dfrac{f(x)}{x} = 1$에서 $x \to 0$일 때, (분모) $\to 0$이고 극

한값이 존재하므로 (분자) → 0이어야 한다.

$\therefore \lim\limits_{x \to 0}f(x)=f(0)=0$이므로 $f(x)$는 x를 인수로 갖는다.

따라서 $f(x)=x(x-k)$ (단, k는 상수)

이를 조건 (가)에 대입하면

$\lim\limits_{x \to 0}\dfrac{f(x)}{x}=\lim\limits_{x \to 0}\dfrac{x(x-k)}{x}=(x-k)=-k=1$

$\therefore k=-1, f(x)=x(x+1)$

따라서 $f(4)=4 \times 5=20$

[채점기준]

답안	배점	예상 소요 시간
[$f(x)$의 범위 구하기] 조건 (나)에서 $-1 \leq f(x)-x^2-x+1 \leq 1$, $x^2+x-2 \leq f(x) \leq x^2+x$	2점	
$\left[\lim\limits_{x \to \infty}\dfrac{f(x)}{x^2}$의 값 구하기$\right]$ 위의 $f(x)$의 범위에서 x가 0이 아닐 때, $x^2>0$이므로 양변을 x^2으로 나누면 $1+\dfrac{1}{x}-\dfrac{2}{x^2} \leq \dfrac{f(x)}{x^2} \leq 1+\dfrac{1}{x}$ 이때 $\lim\limits_{x \to \infty}\left(1+\dfrac{1}{x}-\dfrac{2}{x^2}\right)=1$, $\lim\limits_{x \to \infty}\left(1+\dfrac{1}{x}\right)=1$이므로 함수의 극한의 대소 관계에 의하여 $\therefore \lim\limits_{x \to \infty}\dfrac{f(x)}{x^2}=1$	3점	5분 / 전체 80분
[$f(x)$의 식 구하기] 조건 (가) $\lim\limits_{x \to 0}\dfrac{f(x)}{x}=1$에서 $x \to 0$ 일 때, (분모) → 0이고 극한값이 존재하므로 (분자) → 0이어야 한다. $\therefore \lim\limits_{x \to 0}f(x)=f(0)=0$이므로 $f(x)$는 x를 인수로 갖는다. 따라서 $f(x)=x(x-k)$ (단, k는 상수) (단, k 이외의 상수로 변환한 경우에도 배점처리)	3점	
위의 $f(x)$식을 조건 (가)에 대입하면 $\lim\limits_{x \to 0}\dfrac{f(x)}{x}=\lim\limits_{x \to 0}\dfrac{x(x-k)}{x}$ $=\lim\limits_{x \to 0}(x-k)=-k=1$ $\therefore k=-1, f(x)=x(x+1)$ 따라서 $f(4)=4 \times 5=20$	2점	

13

[모범답안]

함수 $g(x)=(x^3+2)f(x)$에서 양변을 x에 대하여 미분하면,

$g'(x)=3x^2f(x)+(x^3+2)f'(x)$

따라서 $g'(1)=3f(1)+3f'(1)=12-6=6$

[채점기준]

답안	배점	예상 소요 시간
$g'(x)=3x^2f(x)+(x^3+2)f'(x)$	3점	
$g'(1)=3f(1)+3f'(1)$	3점	2분 / 전체 80분
$g'(1)=6$	4점	

14

[모범답안]

$\triangle ABC$의 내각의 크기의 합은 $\angle A+\angle B+\angle C=180°$이므로

$\angle C=180°-(\angle A+\angle B)=180°-120°=60°$

이때, 외접원의 반지름의 길이가 $4\sqrt{3}$이므로 사인법칙을 이용하면

$\therefore \dfrac{\overline{AB}}{\sin 60°}=2 \times 4\sqrt{3}$

따라서 $\overline{AB}=2 \times 4\sqrt{3} \times \dfrac{\sqrt{3}}{2}=12$

[채점기준]

답안	배점	예상 소요 시간
[$\angle C$의 값 구하기] $\triangle ABC$의 내각의 크기의 합이 $\angle A+\angle B+\angle C=180°$이고, $\angle A+\angle B=120°$이므로 $\angle C=180°-(\angle A+\angle B)$ $=180°-120°=60°$	3점	
[사인법칙을 이용하여 식 세우기] 외접원의 반지름의 길이가 $4\sqrt{3}$이므로 사인법칙을 이용하면 $\therefore \dfrac{\overline{AB}}{\sin 60°}=2 \times 4\sqrt{3}$	4점	4분 / 전체 80분
$\therefore \overline{AB}=2 \times 4\sqrt{3} \times \dfrac{\sqrt{3}}{2}=12$	3점	

15

[모범답안]

점 P가 움직이는 방향을 바꾸는 순간 속도 $v(t)=0$이다.

$v(t)=-6t^2+12t=-6t(t-2)=0$

이때, $t>0$이므로 $t=2$

구간 $(0,\,2)$에서 $-6t^2+12t\geq0$이므로

따라서 점 P가 움직인 거리는

$$\int_0^2|v(t)|\,dt=\int_0^2|-6t^2+12t|\,dt=\int_0^2(-6t^2+12t)\,dt$$
$$=\Big[-2t^3+6t^2\Big]_0^2=-2\times2^3+6\times2^2=-16+24=8$$

P가 방향이 바뀔 때까지 움직인 거리는 8

[채점기준]

답안	배점	예상 소요 시간
[점 P가 움직이는 방향을 바꾸는 순간의 시각 t 찾기] 점 P가 움직이는 방향을 바꾸는 순간 속도 $v(t)=0$이다. 따라서 $v(t)=-6t^2+12t$ $\qquad\quad=-6t(t-2)=0$ 이때, $t>0$이므로 $\therefore t=2$	3점	4분 / 전체 80분
구간 $(0,\,2)$에서 $-6t^2+12t\geq0$이므로 점 P가 움직인 거리는 $\int_0^2|v(t)|\,dt=\int_0^2|-6t^2+12t|\,dt$ $\qquad\qquad=\int_0^2(-6t^2+12t)\,dt$ $\qquad\qquad=\Big[-2t^3+6t^2\Big]_0^2$	4점	
$\therefore P$가 방향이 바뀔 때까지 움직인 거리는 8	3점	

국어 영역

01

[모범답안]

ⓐ 기대승

ⓑ 이황

ⓒ 이황

ⓓ 기대승

[바른해설]

ⓐ 제시문에 따르면 기대승은 사단도 정감이기 때문에 '기'의 영역과 무관한 것이 아니며, 사단이나 칠정 모두 '리'와 별개로 존재할 수 없다고 하였다. 그러므로 ⓐ에 들어갈 인물은 '기대승'이다.

ⓑ 제시문에 따르면 이황은 기대승의 비판을 인정하여 사단 또한 정감이라고 한 것을 인정하지만, 사단을 만물의 이치인 '리'가 발현한 것으로 보기 때문에 사단이 옳지 않은 상황에 있을 수 있다는 것에는 동의하지 않을 것이다. 그러므로 ⓑ에 들어갈 인물은 '이황'이다.

ⓒ 제시문에 따르면 이황은 사단과 칠정의 근거를 서로 다르게 보므로 사단은 '리'가, 칠정은 '기'가 정감으로 드러난 것이라고 판단할 것이다. 그러므로 ⓒ에 들어갈 인물은 '이황'이다.

ⓓ 제시문에 따르면 기대승은 정감을 '리'와 '기'의 결합으로 보므로 정감이 '성'에 해당하는 '인'이나 '의'와 비슷한 측면이 있다고 한 것에 대해 정감이 '리'와 별개로 존재하는 것이 아니라 '리'와 '기'의 결합으로 나타나기 때문이라고 판단할 것이다. 그러므로 ⓓ에 들어갈 인물은 '기대승'이다.

[채점기준]

답안	배점	예상 소요 시간
ⓐ 기대승	3점	
ⓑ 이황	2점	5분 / 전체 80분
ⓒ 이황	2점	
ⓓ 기대승	3점	

02

[모범답안]

ⓐ 경

ⓑ 성의

[바른해설]

제시문에 따르면 이황과 기대승은 수양 방법에 대해서도 견해차가 드러났다. 이황은 '성'이 그대로 사단으로 발현될 수 있도록 '성'의 상태를 유지시키는 경(敬)의 자세를 중시했으며, '리'가 그대로 정감으로 발현될 수 있도록 사적인 욕망이 끼어들지 못하게 마음을 경건하게 하는 공부를 해야 한다고 주장하였다. 반면에 기대승은 칠정 그 자체를 제어하여 사단이 되도록 생각을 정성스럽게 하는 성의(誠意)를 강조했으며, 마음 그 자체에 집중하는 수양보다는 경전 공부를 통해 성현들의 행동을 익혀 따르는 것이 중요하다고 보았다. 그러므로 ⓐ에는 '경', ⓑ에는 '성의'가 들어갈 말로 적절하다.

[채점기준]

답안	배점	예상 소요 시간
ⓐ 경	5점	4분 / 전체 80분
ⓑ 성의	5점	

03

[모범답안]

나무에 정령이 깃들어 있다고 믿었기 때문이다.

[바른해설]

키쿠유 사람들은 나무에 정령이 깃들어 있다고 믿었기 때문에 베어 낼 나무에 나뭇가지를 기대어 놓았다가 다른 나무로 옮기거나, 나무를 베자마자 그 자리에 곧바로 또 다른 나무를 심는 방식으로 나무의 정령을 다른 나무로 옮겨 가게 했다.

[채점기준]

답안	배점	예상 소요 시간
나무에 정령이 깃들어 있다고 믿었기 때문이다.	10점	4분 / 전체 80분

04

[모범답안]

비폭력

[바른해설]

제시문에 따르면 키쿠유족은 의식이 진행되는 동안 부족의 어른들이 '시이기나무 막대'를 쥐고 있었는데, 이것은 폭력이 용인되지 않는다는 표시로 공동체 내부에서 그리고 공동체끼리 평화를 유지하는 데 크게 이바지했다고 서술되어 있다. 그러므로 시이기나무 막대는 '비폭력' 또는 '평화'를 상징한다고 볼 수 있다.

[채점기준]

답안	배점	예상 소요 시간
비폭력	10점	3분 / 전체 80분

[05~06]

(가) 나희덕, 「음지의 꽃」

갈래	자유시, 서정시	특징	• 영탄적 어조를 반복하여 생명의 경이로움을 강조함
성격	영탄적, 역설적, 우의적		• 역설적 표현을 통해 버섯의 생명력을 예찬함
제재	버섯		• 참나무의 의인화를 통해 인격을 부여함
주제	가혹한 현실 속에서도 잃지 않는 희망과 생명력		• 힘겨운 상황 속에서도 죽음과 탄생이 교차하는 생명력에 대한 아름다움을 강조함

(나) 김남조, 「겨울 바다」

갈래	자유시, 서정시	특징	• 독백적 어조로 화자의 정서를 표현함
성격	주지적, 상징적, 종교적, 사색적		• 대립적 이미지를 통해 주제를 강조함
제재	겨울 바다		• 감각적 표현을 통해 화자의 정서를 형상화함
주제	삶의 허무와 이를 극복하고자 하는 의지		

05

[모범답안]

뿌리 없는 너의 독기

[바른해설]

위의 작품 (가)에서 '뿌리 없는 너의 독기'는 생명력이 소실된 공간에서 피어난 '버섯'을 표현한 구절로, '뿌리'가 없음에도 불구하고 생명력이 소실된 공간에 새로운 생명으로 피어나는 것을 '독기'로 표현하여 '너', 즉 '버섯'의 강한 생명력을 드러낸 것이다.

[채점기준]

답안	배점	예상 소요 시간
뿌리 없는 너의 독기	10점	3분 / 전체 80분

06

[모범답안]

허무의, 있었네

[바른해설]

작품 (나)의 3연에서는 소멸과 죽음의 이미지인 '불'과 역경 극복과 생명의 이미지인 '물'이라는 대립적인 소재를 통해 '허무'를 극복하고자 하는 화자의 내면 심리를 시각적으로 구체화하고 있다. 그러므로 해당 연의 첫 어절은 '허무의'이고 마지막 어절은 '있었네'이다.

[채점기준]

답안	배점	예상 소요 시간
허무의	5점	3분 / 전체 80분
있었네	5점	

13

[07~09]

갈래	전(傳), 한문 소설, 단편 소설, 풍자 소설	특징	• 재자가인(才子佳人)이 아닌 비천한 인물을 주인공으로 삼음 • 조선 후기 사회의 모습을 사실적으로 그려 냄 • 거지인 주인공의 인품을 예찬함으로써 상대적으로 양반 사회에 대한 풍자 효과를 높임
성격	사실적, 비판적, 풍자적		
배경	• 시간: 조선 후기 • 공간: 한양의 종루 저잣거리		
주제	신의 있고 정직한 삶에 대한 예찬		

07

[모범답안]

인정 많고 의로운

[바른해설]

집주인은 광문이 죽은 아이를 위해 거적을 덮어 아이의 시체를 수습한 후 공동묘지에 묻어주는 것을 보고 광문의 인품에 감동을 받아 약국 부자에게 천거한 것이므로, 광문이 '인정이 많고 의로운' 청년이라는 말을 건넸을 것으로 짐작할 수 있다.

[채점기준]

답안	배점	예상 소요 시간
인정 많고 의로운	10점	4분 / 전체 80분

08

[모범답안]

ⓐ 인물의 업적을 담은 일대기를 다루지 않았다.

ⓑ 비천한 신분의 인물을 주인공으로 삼았다.

ⓒ 인물에 대한 종합적인 평가를 생략하였다.

[바른해설]

ⓐ 조선 전기의 전(傳)은 기록할 만한 업적을 남긴 인물의 일대기를 다루고 있으나, 『광문자전』은 인물의 업적을 담은 일대기를 다루지 않았다.

ⓑ 조선 전기의 전(傳)은 유교적 도덕률을 중요하게 생각해 주로 재자가인(재능이 뛰어난 남자와 아름다운 여인)으로 표방되는 인물을 주인공으로 하였으나, 『광문자전』에서는 광문이라는 비천한 신분의 인물을 주인공으로 삼았다.

ⓒ 조선 전기의 전(傳)은 글의 마지막에 인물에 대한 종합적인 평가를 제시하지만, 『광문자전』에서는 인물에 대한 종합적인 평가를 생략하였다.

[채점기준]

답안	배점	예상 소요 시간
ⓐ 인물의 업적을 담은 일대기를 다루지 않았다.	4점	
ⓑ 비천한 신분의 인물을 주인공으로 삼았다.	3점	5분 / 전체 80분
ⓒ 인물에 대한 종합적인 평가를 생략하였다.	3점	

09

[모범답안]

ⓐ 약국 부자

ⓑ (약국 부자의) 처조카

ⓒ 광문

[바른해설]

ⓐ 약국 부자가 나갔다 돌아온 후 방 안의 돈이 없어진 것을 알고 광문이 돈을 가져갔을 거라고 오해한다. 그러므로 ⓐ에 들어갈 인물은 '약국 부자'이다.

ⓑ 며칠 후 약국 부자의 처조카가 돈을 가지고 와 부자에게 돌려주고 본인이 방에 들어가 돈을 가지고 간 사실을 고백하여 광문에 대한 오해가 해소된다. 그러므로 ⓑ에 들어갈 인물은 '(약국 부자의) 처조카'이다.

ⓒ 오해가 해소된 후 광문은 약국 부자로부터 마음에 상처를 주어 볼 낯이 없다는 사과를 받는다. 그러므로 ⓒ에 들어갈 인물은 '광문'이다.

[채점기준]

답안	배점	예상 소요 시간
ⓐ 약국 부자	3점	
ⓑ (약국 부자의) 처조카	4점	5분 / 전체 80분
ⓒ 광문	3점	

수학 영역

10

[모범답안]

함수 $f(x)=a\sin(x+\pi)+b$의 최댓값과 최솟값의 범위는

$-a+b\leq f(x)\leq a+b$

이때, 최솟값이 -4이므로

$\therefore -a+b=-4$ ...... ㉠

한편, $f(0)=a\sin(0+\pi)+b=a\sin\pi+b=0+b=b=2$이므로

$\therefore b=2$ ...... ㉡

㉠과 ㉡의 두 식을 연립하면 $a=6$, $b=2$

따라서 $f(x)$의 최댓값은 $a+b=6+2=8$

[채점기준]

답안	배점	예상 소요 시간
[함수 $f(x)$의 범위 찾기] 함수 $f(x)=a\sin(x+\pi)+b$의 최댓값과 최솟값의 범위는 $-a+b\leq f(x)\leq a+b$	3점	3분 / 전체 80분
함수 $f(x)$의 최솟값이 -4이므로 위의 부등식에서 $\therefore -a+b=-4$	2점	
$f(0)=2$이므로 $f(0)=a\sin(0+\pi)+b$ $=a\sin\pi+b=0+b=b=2$ $\therefore b=2$	2점	
$a=6$, $b=2$이므로 $f(x)$의 최댓값은 $a+b=8$	3점	

11

[모범답안]

① $3x^2+4x$

② $-x+2$

③ 2

[채점기준]

답안	배점	예상 소요 시간
함수 $f(x)$의 양변을 x에 관해 미분하면, $f'(x)=3x^2+4x$ 그러므로 ① $=3x^2+4x$	2점	3분 / 전체 80분
함수 $y=f(x)$ 위의 점 $(-1, 3)$에서 접선의 기울기는 $f'(-1)=3\times(-1)^2+4\times(-1)$ $=3-4=-1$이므로 접선의 방정식은 $\therefore y=-(x+1)+3=-x+2$ 그러므로 ② $=-x+2$	4점	
접선의 x절편은 2이고 y절편은 2이므로 구하고자 하는 넓이는 $\frac{1}{2}\times 2\times 2=2$ 그러므로 ③ $=2$	4점	

12

[모범답안]

함수 $f(x)=x^2+4x+k$라 하면,

$f(x)=x^2+4x+k=x^2+4x+4-4+k=(x+2)^2-4+k$이므로

함수 $y=f(x)$는 직선 $x=-2$에서 대칭이며, 실수 전체의 집합에서 연속이다.

한편, 닫힌구간 $[-2, 3]$에서 함수 $f(x)$는 증가하므로

열린구간 $(-2, 3)$에서 방정식 $f(x)=0$이 오직 하나의 실근을 가지려면 $f(-2)\times f(3)<0$의 부등식을 만족해야 한다.

이때, $f(-2)=4-8+k=k-4$, $f(3)=9+12+k=k+21$

이므로

$(k-4)(k+21)<0$

$-21<k<4$

따라서 정수 k의 최댓값 $M=3$이고, 최솟값 $m=-20$

$M-m=3+20=23$

[채점기준]

답안	배점	예상 소요 시간
[문제 의미 분석] 함수 $y=f(x)$는 직선 $x=-2$에서 대칭이며, 실수 전체의 집합에서 연속이다. 닫힌구간 $[-2, 3]$에서 함수 $f(x)$는 증가하므로 열린구간 $(-2, 3)$에서 방정식 $f(x)=0$이 오직 하나의 실근을 가지려면 $f(-2)\times f(3)<0$의 부등식을 만족해야 한다. $\therefore f(-2)\times f(3)<0$	4점	5분 / 전체 80분
[k의 범위 구하기] $f(-2)=4-8+k=k-4$, $f(3)=9+12+k=k+21$이므로 $f(-2)\times f(3)$ $=(k-4)(k+21)<0$ $-21<k<4$	3점	
$\therefore M=3,\ m=-20$	2점	
$\therefore M-m=23$	1점	

13

[모범답안]

$\log_{\sqrt{a}}\dfrac{b}{c}=6$에서 $\log_{\sqrt{a}}\dfrac{b}{c}=\log_{a^{\frac{1}{2}}}\dfrac{b}{c}=2\log_a\dfrac{b}{c}$
$\qquad\qquad\qquad\qquad\qquad =2(\log_a b-\log_a c)=6$
$\therefore \log_a b-\log_a c=3$ $\qquad\qquad$ ……㉠
한편, $\log_{\sqrt{a}}bc=2$에서 $\log_{\sqrt{a}}bc=\log_{a^{\frac{1}{2}}}bc=2\log_a bc$
$\qquad\qquad\qquad\qquad\qquad =2(\log_a b+\log_a c)=2$
$\therefore \log_a b+\log_a c=1$ $\qquad\qquad$ ……㉡
두 식 ㉠과 ㉡을 연립하면
$\log_a b=2,\ b=a^2$
$\log_a c=-1,\ c=a^{-1}$
따라서 $b^4c^2=(a^2)^4\times(a^{-1})^2=a^{8-2}=a^6$이므로
$\therefore \log_a b^4c^2=\log_a a^6=6$

[채점기준]

답안	배점	예상 소요 시간
$\log_{\sqrt{a}}\dfrac{b}{c}=2(\log_a b-\log_a c)=6$ $\therefore \log_a b-\log_a c=3$	3점	3분 / 전체 80분
$\log_{\sqrt{a}}bc=2(\log_a b+\log_a c)=2$ $\therefore \log_a b+\log_a c=1$	3점	
$b=a^2,\ c=a^{-1}$	2점	
$\therefore \log_a b^4c^2=\log_a a^6=6$	2점	

14

[모범답안]

$f'(x)=2x(3x+1)$에서
$f(x)=\displaystyle\int f'(x)dx=\int 2x(3x+1)dx=\int(6x^2+2x)dx$
$\qquad =2x^3+x^2+C$ (단, C는 적분상수)
이때 $f(0)=0+0+C=0$, $C=0$
따라서 $f(x)=2x^3+x^2$
$\therefore f(1)=2+1=3$

[채점기준]

답안	배점	예상 소요 시간
$f(x)=\displaystyle\int(6x^2+2x)dx$ $\qquad =2x^3+x^2+C$ $\qquad\qquad$(단, C는 적분상수)	3점	2분 / 전체 80분
$C=0$	2점	
$f(x)=2x^3+x^2$	2점	
$f(1)=3$	3점	

15

[모범답안]

수열 a_n이 등비수열이므로, 연속된 세 개의 항의 합으로 이루어진 수열 $a_1+a_2+a_3,\ a_4+a_5+a_6,\ a_7+a_8+a_9$도 등비수열을 이룬다.
이때, $a_1+a_2+a_3=S_3=3$, $a_4+a_5+a_6=S_6-S_3=9-3=6$
이므로 이 등비수열의 공비는 $\dfrac{6}{3}=2$이다.
따라서 $a_7+a_8+a_9=2(a_4+a_5+a_6)$, $a_7+a_8+a_9=2\times6=12$
$\therefore S_9=(a_1+a_2+a_3)+(a_4+a_5+a_6)+(a_7+a_8+a_9)$
$\qquad =3+3\times2+3\times2^2=3+6+12=21$

[채점기준]

답안	배점	예상 소요 시간
[등비수열의 성질 이용] 수열 a_n이 등비수열이므로, 연속된 세 개의 항의 합으로 이루어진 수열 $a_1+a_2+a_3$, $a_4+a_5+a_6$, $a_7+a_8+a_9$도 등비수열을 이룬다.	3점	4분 / 전체 80분
$a_1+a_2+a_3=S_3=3$, $a_4+a_5+a_6=S_6-S_3=9-3=6$ 이므로 이 등비수열의 공비는 2	3점	
$a_7+a_8+a_9=12$	2점	
$\therefore S_9=21$	2점	

국어 영역

01

[모범답안]

ⓐ 실체설

ⓑ 과정설

ⓒ 실체설

ⓓ 과정설

[바른해설]

ⓐ [A]에서 광의의 개념으로서 공익은 사회 전반의 이익을 의미하는데 여기에는 정의, 형평 등 가치적인 요소도 포함이 된다고 하였다. 〈보기 1〉의 실체설에서는 공익이 선험적으로 존재한다고 전제하며 공공선, 평등, 정의 등을 공익으로 취급한다고 하였다. 따라서 [A]에서 언급된 광의의 개념으로서 공익이 포함하는 가치적 요소는 실체설에서 취급하고 있는 공익이라 할 수 있으며 선험적으로 존재하는 것으로 전제한다고 볼 수 있다.

ⓑ [A]에서 제시한 협의의 개념으로서의 공익은 경제적 이익을 의미한다고 하였다. 이는 공공복리의 의미로서 사회 구성원들에게 구체적으로 귀속되는 이익이라고 하였다. 〈보기 1〉의 과정설은 사익을 초월한 별도의 공익이란 존재할 수 없으며 공익은 사익의 총합으로 볼 수 있다고 하였다.

ⓒ [A]에서 공익은 특정한 개인이나 집단의 이익이 아닌 사회 전반의 이익을 추구한다는 점에서 공공성과 밀접한 개념이라고 하였다. 〈보기 1〉에서 실체설은 공동체를 그 자체의 공공의지와 집단적 속성을 지닌 하나의 실체로 본다고 하였다. 그리고 공익은 사익을 초월한 별도의 실체적 개념으로 존재한다고 보았다.

ⓓ [A]에서 공공복리는 사회 공동체의 구성원들에게 구체적으로 귀속이 되는 이익이며 공개적 차원에서 확인되는 이익으로서의 공익이다. 〈보기 1〉에서 과정설은 상충되는 이익을 가진 집단들이 상호 조정을 거쳐 균형 상태의 결론에 도달할 때 공익이 실현된다고 보았다.

[채점기준]

답안	배점	예상 소요 시간
ⓐ 실체설	2점	5분 / 전체 80분
ⓑ 과정설	2점	
ⓒ 실체설	3점	
ⓓ 과정설	3점	

02

[모범답안]

접근성

[바른해설]

제시문에 따르면 공공성을 구성하는 하위 개념으로는 '국가 또는 정부와 관계된 것', '공익', '접근성'의 세 가지가 있다. 이중에 '알 권리의 보장'과 관련된 개념은 4문단에 서술되어 있는 '접근성'이다. 특히 알 권리의 보장은 단순히 정보를 사회 구성원들에게 공지하는 차원을 넘어서 사회 구성원들이 정보와 관련된 공적인 문제에 대하여 고찰할 수 있는 계기를 제공한다는 점에서 매우 중요한 것이라고 하였다.

[채점기준]

답안	배점	예상 소요 시간
접근성	10점	3분 / 전체 80분

03

[모범답안]

인간에게는 다른 사람을 능가하여 인정받고 싶은 심리가 있기 때문이다.

[바른해설]

제시문에 따르면 역사학자 요한 하위징아는 놀이하는 것은 인간이 하는 행위의 가장 큰 특성이며, 이 놀이하는 인간의 특성은 경쟁 본능과 밀접하게 연결되어 있다고 말한다. 그리고 인간에게는 이기고 싶은 욕구가 있는데, 이것은 다른 사람을 능가하여 최고가 되고, 이를 인정받고 싶은 심리를 기반으로 한다고 설명하고 있다. 그러므로 우리가 어려서부터 해 온 놀이와 오락도 경쟁을 할 때 더 재미가 있는 이유는 인간에게는 다른 사람을 능가하여 인정받고 싶은 심리가 있기 때문이다.

[채점기준]

답안	배점	예상 소요 시간
인간에게는 다른 사람을 능가하여 인정받고 싶은 심리가 있기 때문이다.	10점	5분 / 전체 80분

04

[모범답안]

ⓐ 인간의 본성
ⓑ 자본주의 경제의 기본 원리

[바른해설]

ⓐ 인간을 공격적이고 이기적인 존재로 보았던 영국의 철학자 토머스 홉스는 경쟁심은 인간이 필요한 무엇인가를 얻기 위해 다른 사람과 투쟁하도록 만드는 '인간의 본성'이며 따라서 경쟁을 부정하는 것이 아니라 경쟁의 긍정적인 힘을 배우고 활용하는 지혜가 필요하다고 하였다.

ⓑ 제시문에 따르면 '자본주의 경제의 기본 원리'는 자유 경쟁이며, 경제학자 애덤 스미스는 이러한 자본주의 경제 원리의 토대를 만들었다. 애덤 스미스는 인간의 이기심이 사회를 발전시킨다는 신념을 바탕으로 자유 경쟁의 원리를 주장하였는데, 인간의 이기심을 통제하기보다 오히려 경쟁을 통해 인간의 이기심을 활용하는 것이 개인의 행복과 사회 전체의 이익을 동시에 달성하는 길이라고 하였다.

[채점기준]

답안	배점	예상 소요 시간
ⓐ 인간의 본성	5점	5분 / 전체 80분
ⓑ 자본주의 경제의 기본 원리	5점	

[05~06]

<table>
<tr><td>갈래</td><td>단편 소설, 우화 소설</td><td rowspan="4">특징</td><td rowspan="4">• 개구리를 의인화하는 우화 수법을 이용하여 풍자의 효과를 강화함
• 그리스 신화를 활용하여 독자에게 내용 전달을 효과적으로 함
• 상징적 소재를 사용하여 인간의 무지와 과도한 욕망을 효과적으로 형상화하고 비판함</td></tr>
<tr><td>성격</td><td>교훈적, 풍자적, 우화적</td></tr>
<tr><td>배경</td><td>인간 세계를 떠난 신화와 동물의 세계</td></tr>
<tr><td>주제</td><td>인간의 무지와 과도한 욕망 비판</td></tr>
</table>

05

[모범답안]

자유의 소중함

[바른해설]

개구리들이 자신들의 무질서를 이유로 제우스에게 임금을 내려줄 것을 간청하자 제우스는 '너희들같이 어리석은 자의 눈에는 무질서로 보이리라' 하며 개구리들에게 '자유의 소중함'을 일깨워주려 한다. 또한 '이 땅 위에서 가장 행복한 것은 바로 너희들이니'라고 하며 개구리들이 자유를 누리며 살고 있음을 지적한다.

[채점기준]

답안	배점	예상 소요 시간
자유의 소중함	10점	5분 / 전체 80분

06

[모범답안]

ⓐ 인간의 과도한 욕망

ⓑ 인간의 조작

[바른해설]

ⓐ "이 땅 위에 가장 행복한 것은 바로 너희들이니 돌아가 이 뜻을 뭇 개구리에게 선포하고 아예 어리석은 생각은 말라고 하여라."라는 제우스의 말에서 알 수 있듯이, 현실의 문제가 '인간들의 과도한 욕망'에서 비롯된 것임을 의인화를 통해 제시하고 있다.

ⓑ "너희들같이 어리석은 자의 눈에는 무질서로 보이리라. 그러나 그 뒤에는 더 높은 질서가 있다."라는 제우스의 말에서 알 수 있듯이, 제우스가 보기에 개구리 사회는 더 높은 질서에 의해 문제없이 유지되고 있다. 그런데 개구리들은 새로운 질서를 원하고 있다. 이에 대해 제우스는 "아아, 의식이 비극이여, 너는 조작을 쉬지 못하고, 조작하면 반드시 이루어지나니 낸들 어찌하랴! 의식에는 이미 불행의 씨가 깃들었거든……."이라는 말을 통해 개구리들이 보존되어야 할 가치인 더 높은 질서를 조작을 통해 훼손하려 한다고 비판한다. 이는 보존되어야 할 가치를 '인간의 조작'에 의해 훼손하는 행위에 대해 비판적인 시선을 드러낸 것이라고 볼 수 있다.

[채점기준]

<table>
<tr><th>답안</th><th>배점</th><th>예상 소요 시간</th></tr>
<tr><td>ⓐ 인간의 과도한 욕망</td><td>5점</td><td rowspan="2">5분 / 전체 80분</td></tr>
<tr><td>ⓑ 인간의 조작</td><td>5점</td></tr>
</table>

[07~09]

갈래	단편 소설, 성장 소설	특징	• 어른이 된 서술자가 과거의 일을 회상하는 형식으로 내용을 전개함 • 현재와 과거를 넘나드는 역순행적 방식을 취함
성격	회고적, 낭만적		
제재	세상에 단 한 권뿐인 시집		
주제	• 청소년기의 아름답고 순수한 사랑 • 자신에게 의미가 있는 삶의 방식을 발견하고 그것을 가꾸어 나가는 자세		

07
[모범답안]

시집

[바른해설]

소설가인 '나'는 어느 날 고등학교 때 '나'가 좋아했던 현아의 전화를 받고 그녀를 만난다. 그녀는 당시 '나'가 친구를 통해 현아에게 주었던 시집을 내놓았고, '나'는 그 시집을 보고 현아를 사랑했던 과거의 기억을 떠올리게 된다. 그러므로 시집은 현재의 '나'와 과거의 기억을 연결해 주는 매개물이라고 할 수 있다.

[채점기준]

답안	배점	예상 소요 시간
시집	10점	3분 / 전체 80분

08
[모범답안]

실연의 아픔

[바른해설]

윗글에서 '나'가 준 시집에 현아로부터 아무런 반응이 없자 현아가 '나'를 좋아하지 않는다는 생각에 '나'는 시를 더 이상 쓸 수가 없게 되고 다시 대학을 생각한다. 그러므로 위의 작품에서 ⓐ의 '몹시 추운 겨울'은 사랑의 실패로 인해 '나'가 겪는 '실연의 아픔'을 의미한다.

[채점기준]

답안	배점	예상 소요 시간
실연의 아픔	10점	4분 / 전체 80분

09
[모범답안]

글을 쓰는 것

[바른해설]

'나'는 고교 시절에는 공부 기계가 되는 것을 거부하다 글을 쓰게 되었고, 직장 시절에는 돈 세는 기계가 되는 것을 거부하여 글을 다시 쓰게 되었다. 그러므로 주인공인 '나'가 자신의 처지에 대한 부정적인 인식에서 벗어나 이를 극복하고자 했던 행위는 '글을 쓰는 것'이다.

[채점기준]

답안	배점	예상 소요 시간
글을 쓰는 것	10점	5분 / 전체 80분

수학 영역

10

[모범답안]

$\lim\limits_{x \to 2}(2x+2)f(x)=12$에서

$\lim\limits_{x \to 2}f(x)=\lim\limits_{x \to 2}\dfrac{(2x+2)f(x)}{(2x+2)}=\dfrac{\lim\limits_{x \to 2}(2x+2)f(x)}{\lim\limits_{x \to 2}(2x+2)}=\dfrac{12}{6}=2$

또한, $\lim\limits_{x \to 2}\dfrac{f(x)}{f(x)+g(x)}=\dfrac{1}{2}$에서 분자와 분모를 $f(x)$로 나누면,

$\lim\limits_{x \to 2}\left\{\dfrac{1}{1+\dfrac{g(x)}{f(x)}}\right\}=\dfrac{1}{2}$이므로 $\lim\limits_{x \to 2}\dfrac{g(x)}{f(x)}=1$,

이때, $\lim\limits_{x \to 2}f(x)=2$이므로 $\lim\limits_{x \to 2}g(x)=2$

$\therefore \lim\limits_{x \to 2}\dfrac{3f(x)}{2x-g(x)}=\dfrac{3\times2}{4-2}=3$

[채점기준]

답안	배점	예상 소요 시간
[$\lim\limits_{x \to 2}f(x)$값 구하기] $\lim\limits_{x \to 2}f(x)=\lim\limits_{x \to 2}\dfrac{(2x+2)f(x)}{(2x+2)}$ $=\dfrac{\lim\limits_{x \to 2}(2x+2)f(x)}{\lim\limits_{x \to 2}(2x+2)}$ $=\dfrac{12}{6}=2$ $\therefore \lim\limits_{x \to 2}f(x)=2$	4점	
[$\lim\limits_{x \to 2}g(x)$값 구하기] $\lim\limits_{x \to 2}\dfrac{f(x)}{f(x)+g(x)}=\dfrac{1}{2}$에서 분자와 분모를 $f(x)$로 나누면, $\lim\limits_{x \to 2}\left\{\dfrac{1}{1+\dfrac{g(x)}{f(x)}}\right\}=\dfrac{1}{2}$이므로 $\lim\limits_{x \to 2}\dfrac{g(x)}{f(x)}=1$, 이때 $\lim\limits_{x \to 2}f(x)=2$이므로 $\therefore \lim\limits_{x \to 2}g(x)=2$	3점	5분 / 전체 80분
$\therefore \lim\limits_{x \to 2}\dfrac{3f(x)}{2x-g(x)}=\dfrac{3\times2}{4-2}=3$	3점	

11

[모범답안]

① 1

② $-\cos x^2-4\cos x+4$

③ 7

④ -1

[채점기준]

답안	배점	예상 소요 시간
$\sin^2 x+\cos^2 x=1$ 그러므로 ① $=1$	2점	
$y=\sin^2 x-4\cos x+3$을 $\cos x$에 관한 함수로 변형하면, $y=(1-\cos^2 x)-4\cos x+3$, $y=-\cos^2 x-4\cos x+4$ 그러므로 ② $=-\cos x^2-4\cos x+4$	2점	
$\cos x=t$라고 하면 $(-1\le t\le1)$ $y=-t^2-4t+4$ $\quad=-(t^2+4t+4)+8$ $\quad=-(t+2)^2+8$ 위의 함수는 $t=-1$일 때 최댓값 $M=7$을 갖는다. 그러므로 ③ $=7$	3점	5분 / 전체 80분
또한, $t=1$일 때 최솟값 $N=-1$을 갖는다. 그러므로 ④ $=-1$	3점	

12

[모범답안]

함수 $y=-x^3+6tx^2-2tx$에서

$y'=-3x^2+12tx-2t=-3(x^2-4tx+4t^2)+12t^2-2t$
$\quad=-3(x-2t)^2+12t^2-2t$

함수 $y=-x^3+6tx^2-2tx$에 접하는 직선의 기울기는 $x=2t$일 때, 최댓값 $12t^2-2t$를 갖는다.

이때, 접점의 좌표는 $(2t,\ 16t^3-4t^2)$이므로 접선의 방정식은

$y=(12t^2-2t)(x-2t)+16t^3-4t^2=(12t^2-2t)x-8t^3$

이 직선의 y절편은 $-8t^3$이므로 $h(t)=-8t^3$

$\therefore h(-1)=8$

[채점기준]

답안	배점	예상 소요 시간
[접선의 기울기의 최댓값 찾기] $y' = -3x^2 + 12tx - 2t$ $\quad = -3(x^2 - 4tx + 4t^2) + 12t^2 - 2t$ $\quad = -3(x-2t)^2 + 12t^2 - 2t$ 따라서 함수 $y = -x^3 + 6tx^2 - 2tx$ 에 접하는 직선의 기울기는 $x=2t$일 때, 최댓값 $12t^2 - 2t$를 갖는다.	3점	
[직선의 방정식 구하기] 주어진 곡선에서 접하는 접점의 좌표 는 $(2t, 16t^3 - 4t^2)$이므로 접선의 방 정식은 $y = (12t^2 - 2t)(x - 2t) + 16t^3 - 4t^2$, $y = (12t^2 - 2t)x - 8t^3$	3점	5분 / 전체 80분
[$h(t)$ 구하기] 위에서 구한 접선의 방정식의 y절편 은 $-8t^3$이므로 $\therefore h(t) = -8t^3$	2점	
$\therefore h(-1) = 8$	2점	

13

[모범답안]

함수 $y = a^{2x-1} - \dfrac{1}{4}$에서 $x=0$일 때, $y = \dfrac{1}{a} - \dfrac{1}{4}$이다.

주어진 함수가 제4사분면을 지나지 않기 위해서는 $\dfrac{1}{a} - \dfrac{1}{4} \geq 0$의 조

건을 만족시켜야 하므로

$\dfrac{1}{a} - \dfrac{1}{4} \geq 0$, $\dfrac{1}{a} \geq \dfrac{1}{4}$

$\therefore a \leq 4$

따라서 양의 정수 a의 최댓값은 4이다.

[채점기준]

답안	배점	예상 소요 시간
함수 $y = a^{2x-1} - \dfrac{1}{4}$에서 $x=0$일 때, $y = \dfrac{1}{a} - \dfrac{1}{4}$	3점	
주어진 함수가 제4사분면을 지나지 않기 위한 조건은 $\therefore \dfrac{1}{a} - \dfrac{1}{4} \geq 0$	4점	2분 / 전체 80분
따라서 양의 정수 a의 최댓값은 $\therefore a = 4$	3점	

14

[모범답안]

$f(x+2) = f(x) + 4$에서 $f(x) = f(x+2) - 4$이므로

$\displaystyle \int_0^2 f(x)dx = \int_0^2 \{f(x+2) - 4\}dx = \int_0^2 f(x+2)dx - \int_0^2 4dx$

$\displaystyle \qquad\qquad = \int_2^4 f(x)dx - 8$

$\displaystyle \therefore \int_2^4 f(x)dx = \int_0^2 f(x)dx + 8$

$\displaystyle \int_0^4 f(x)dx = \int_0^2 f(x)dx + \int_2^4 f(x)dx$

$\displaystyle \qquad\qquad = \int_0^2 f(x)dx + \left(\int_0^2 f(x)dx + 8\right)$

$\displaystyle \qquad\qquad = 2\int_0^2 f(x)dx + 8 = 20$

$\displaystyle 2\int_0^2 f(x)dx = 12$, $\int_0^2 f(x)dx = 6$

[채점기준]

답안	배점	예상 소요 시간
[$f(x+2) = f(x) + 4$를 이용하여 $\displaystyle \int_0^2 f(x)dx$의 식 변형] $\displaystyle \int_0^2 f(x)dx = \int_0^2 \{f(x+2) - 4\}dx$ $\displaystyle \qquad = \int_0^2 f(x+2)dx - \int_0^2 4dx$ $\displaystyle \qquad = \int_2^4 f(x)dx - 8$	3점	
$\displaystyle \int_0^4 f(x)dx$ $\displaystyle = \int_0^2 f(x)dx + \left(\int_0^2 f(x)dx + 8\right)$	3점	3분 / 전체 80분
$\displaystyle \int_0^2 f(x)dx = 6$	4점	

15

[모범답안]

등차수열의 첫째항을 a_1, 공차를 d라고 하면, $a_n = a_1 + (n-1)d$

이때, $a_{2n} = a_1 + (2n-1)d$, $a_{2n-1} = a_1 + (2n-2)d$이므로

$a_{2n} - a_{2n-1} = \{a_1 + (2n-1)d\} - \{a_1 + (2n-2)d\} = d$

따라서 $\sum\limits_{n=1}^{1020} (a_{2n}) = 4080 + \sum\limits_{n=1}^{1020} (a_{2n-1})$에서

$\sum\limits_{n=1}^{1020} \{(a_{2n}) - (a_{2n-1})\} = \sum\limits_{n=1}^{1020} d = 1020d = 4080$

$\therefore d = 4$

따라서 $a_n = a_1 + (n-1)d = 3 + 4(n-1) = 4n-1$이므로

$\therefore a_9 = 4 \times 9 - 1 = 35$

[채점기준]

답안	배점	예상 소요 시간
[등차수열의 일반항 a_n으로부터 a_{2n}, a_{2n-1} 찾기] 등차수열의 첫째항을 a_1, 공차를 d라고 하면, $a_n = a_1 + (n-1)d$ 이때, $a_{2n} = a_1 + (2n-1)d$, $a_{2n-1} = a_1 + (2n-2)d$	3점	4분 / 전체 80분
[위에서 찾은 a_{2n}, a_{2n-1}을 이용하여 공차 d구하기] $\sum\limits_{n=1}^{1020} (a_{2n}) = 4080 + \sum\limits_{n=1}^{1020} (a_{2n-1})$에서 $\sum\limits_{n=1}^{1020} \{(a_{2n}) - (a_{2n-1})\} = \sum\limits_{n=1}^{1020} d$ $\qquad\qquad = 1020d$ $\qquad\qquad = 4080$ $\therefore d = 4$	3점	
[일반항 a_n 구하기] $a_n = a_1 + (n-1)d = 3 + 4(n-1)$ $\quad = 4n-1$	2점	
$\therefore a_9 = 35$	2점	

국어 영역

01

[모범답안]

ⓐ 재생적 상상력

ⓑ 창조적 상상력

[바른해설]

ⓐ 제시문에 따르면 '재생적 상상력'은 개념을 이해하고 확인하는 것으로, 머릿속에 꽃의 도식을 떠올리는 것이다. 그러므로 장미꽃의 개념과 맞는 도식을 머릿속에 떠올리는 것은 '재생적 상상력'에 해당한다.

ⓑ 제시문에 따르면 '창조적 상상력'은 개념에 구애받지 않는 것으로, 예술가들이 사물의 개념에 의문을 품고 개념과 연결하기 어려운 낯선 도식으로 작품을 표현한 것에 해당한다. 그러므로 기존의 원근법을 무시하고 산과 마을의 풍경을 하나의 덩어리로 표현한 입체파 화가의 그림은 '창조적 상상력'이 발휘된 것이다.

[채점기준]

답안	배점	예상 소요 시간
ⓐ 재생적 상상력	5점	5분 / 전체 80분
ⓑ 창조적 상상력	5점	

02

[모범답안]

ⓐ 차이

ⓑ 차이 자체

ⓒ 차이 자체

[바른해설]

ⓐ '어린 왕자'가 길들여지기 전의 여우와 정원에 있는 장미꽃들을 다른 종과 구분할 수 있는 것은 개념적 '차이'를 알고 있는 것을 뜻한다.

ⓑ 〈보기 1〉에서 길들여지기 전의 여우가 다른 여우들과 다를 바가 없다고 하였고, 정원의 장미꽃들도 똑같다고 하였다. 이들은 어린 왕자가 개별적 존재의 특성, 즉 '차이 자체'를 발견하지 못했다는 점에서 공통점이 있는 대상이다.

ⓒ '어린 왕자'가 길들인 후의 여우를 '세상에서 하나밖에 없는 여우'라고 말하는 이유는 다른 여우들과 다른, 특별하고 독자적인 존재로 파악했기 때문이다. 이는 다른 여우들과의 개념적 '차이 자체'를 파악하게 되었기 때문이다.

[채점기준]

답안	배점	예상 소요 시간
ⓐ 차이	3점	
ⓑ 차이 자체	3점	5분 / 전체 80분
ⓒ 차이 자체	4점	

03

[모범답안]

스웨덴의 권력 거리 지수가 프랑스보다 낮았기 때문이다.

[바른해설]

베르나도트 장군은 프랑스인으로, 프랑스의 군대에서는 상관의 실수에 부하가 웃는 일은 상상조차 할 수 없다. 그러나 스웨덴에서는 한 나라의 최고 권력자라고 할 수 있는 국왕에 대해서 그다지 두려움을 느끼지 않는다. 이는 스웨덴의 권력 거리 지수가 프랑스보다 낮았기 때문이다.

[채점기준]

답안	배점	예상 소요 시간
스웨덴의 권력 거리 지수가 프랑스보다 낮았기 때문이다.	10점	5분 / 전체 80분

04

[모범답안]

ⓐ 낮다 / 높다
ⓑ 가깝다 / 멀다
ⓒ 쉽다 / 어렵다

[바른해설]

ⓐ 제시문에 따르면 권력 거리 지수가 작은 경우에는 부하 직원이 상사에게 일방적으로 의존하는 정도가 낮으며, 큰 경우에는 부하 직원이 상사에게 의존하는 정도가 높다.
ⓑ 제시문에 따르면 권력 거리 지수가 작은 경우에는 상사와 부하 직원 간의 감정적 거리가 비교적 가까운 편이나, 큰 경우에는 상사와 부하 간의 심리적 거리가 멀다.
ⓒ 제시문에 따르면 권력 거리 지수가 작은 경우에는 부하 직원은 상사에게 쉽게 접근해서 반대 의견을 낼 수 있으나, 큰 경우에는 부하 직원이 직접 상사에게 다가가서 반대 의견을 내놓는 일이 좀처럼 드물다.

[채점기준]

답안	배점	예상 소요 시간
ⓐ 낮다 / 높다	4점	
ⓑ 가깝다 / 멀다	3점	5분 / 전체 80분
ⓒ 쉽다 / 어렵다	3점	

[05~06]

갈래	고전 수필, 기행 수필, 한문 수필	특징	• 일반적인 통념을 깨뜨리는 작가의 참신한 발상이 돋보임
성격	독창적, 사색적, 논리적, 교훈적, 설득적		• 문답에 의한 구성 방식을 통해 작가의 주장을 논리적으로 전개함
제재	광활한 요동 벌판		• 적절한 비유와 구체적인 예시를 통해 대상을 실감나게 표현함
주제	광활한 요동 벌판에서 느낀 감회와 생각		

05

[모범답안]

백탑이 현신 합신다 아뢰오!

[바른해설]

윗글에서 "백탑이 현신 합신다 아뢰오!"는 무생물인 '백탑'이 행동의 주체가 되어 탑을 보러 오는 사람을 오히려 영접하러 나가는 것처럼 의인화하여 표현한 것으로, 정 진사의 마부인 태복이의 흥겨운 감정이 느껴진다.

[채점기준]

답안	배점	예상 소요 시간
백탑이 현신 합신다 아뢰오!	10점	3분 / 전체 80분

06

[모범답안]

가식 없는 갓난아이의 울음소리

[바른해설]

통곡하기에 좋은 장소인 하늘과 땅 사이에 시야가 탁 트인 드넓은 요동 벌판에서, 박지원은 태중에 있을 적에 막에 싸여 어둠 속에 갇힌 갓난아이가 하루아침에 텅 비고 드넓은 데로 솟구쳐 나와 손을 펴고 다리를 뻗게 되며 정신이 시원스레 트일 때 나오는 참된 목소리, 즉 '가식 없는 갓난아이의 울음소리'를 본받아 통곡할 것을 주문한다.

[채점기준]

답안	배점	예상 소요 시간
가식 없는 갓난아이의 울음소리	10점	5분 / 전체 80분

[07~09]

갈래	현대 희곡, 부조리극	특징	• 특별한 사건 전개나 뚜렷한 갈등 양상이 없음
성격	반사실적, 서사적, 풍자적, 실험적		• 무대 장치, 소도구, 인물의 대사나 행동 등이 희극적으로 과장하여 표현됨
제재	어느 중년 교수의 일상		
주제	인간성을 상실한 현대인의 기계적인 삶에 대한 풍자		

07

[모범답안]

부조리한 현대 사회의 모습

[바른해설]

[A]는 3년 전 신문의 내용이고 [B]는 오늘의 신문 내용인데, 두 신문의 내용이 동일한 것은 현대인의 무의미한 일상의 반복을 의미한다. 또한 두 살 난 애가 자기 아비를 죽인 것과 지프차가 동대문을 들이받아 동대문이 무너지는 것 등은 비정상적인 사건들이다. 이러한 무의미한 일상의 반복과 비정상적인 사건들을 통해 '부조리한 현대 사회의 모습'을 묘사하고 있다.

[채점기준]

답안	배점	예상 소요 시간
부조리한 현대 사회의 모습	10점	5분 / 전체 80분

08

[모범답안]

ⓐ 원고지

ⓑ 철쇄(쇠사슬)

ⓒ 신문

[바른해설]

ⓐ 교수가 규격화된 틀 속에서 무의미하게 일상을 보내고 있음을 풍자하는 소재는 '원고지'로 교수가 집필에 얽매어 있음을 희극적으로 표현하는데 사용된다.

ⓑ 교수에게 부여된 사회와 가정으로부터의 구속과 책임을 상징하는 소재는 '철쇄(쇠사슬)'로 교수의 과중한 업무가 집에서도 계속되고 있음을 풍자한다.

ⓒ 반복되는 일상의 모습과 비정상적인 사회의 단면을 보여주는 소재는 '신문'으로, 교수가 갖고 있는 노동의 중압감을 상징한다.

[채점기준]

답안	배점	예상 소요 시간
ⓐ 원고지	4점	
ⓑ 철쇄(쇠사슬)	4점	5분 / 전체 80분
ⓒ 신문	2점	

09

[모범답안]

ⓐ 비이성적 인물

ⓑ 허구적 과장

ⓒ 희극적 형상화

ⓓ 의사소통의 혼란

[바른해설]

ⓐ 낮과 밤조차 구분하지 못하는 교수의 모습은 정상적이지 못한 '비이성적 인물'로 이해할 수 있다.

ⓑ 철쇄를 마치 옷처럼 입는 것은 현실에서는 일어나기 어려운 행동으로, '허구적 과장'을 통해 부조리를 표현한 것이다.

ⓒ 교수의 처가 말하는 생일의 주인공들은 굳이 챙길 필요가 없는 인물들로, 관객들에게 웃음을 주기 위한 '희극적 형상화'의 대상들이다.

ⓓ 교수의 처가 말도 안 되는 인물들의 생일까지 챙기면서 교수에게 돈을 요구하거나 공부와 번역을 혼동하여 말하는 등 교수와 처 사이의 파편적이고 어색한 대화는 비정상적인 '의사소통의 혼란'을 보여주고 있다.

[채점기준]

답안	배점	예상 소요 시간
ⓐ 비이성적 인물	3점	
ⓑ 허구적 과장	2점	5분 / 전체 80분
ⓒ 희극적 형상화	3점	
ⓓ 의사소통의 혼란	2점	

$\therefore a^2-4a+b+4=8,\ b=-a^2+4a+4$

이때,

$f(4)=(4-a)^2+b=a^2-8a+16+b$

$\qquad =a^2-8a+16+(-a^2+4a+4)=-4a+20$

$a\leq2$이므로 $f(4)=-4a+20\geq12$

따라서 $f(4)$의 최솟값은 12

수학 영역

10

[모범답안]

① 6

② 8

③ 12

[채점기준]

답안	배점	예상 소요 시간
t에 관한 방정식 $t^2-6t+8=0$에서 두 근의 합은 6이다. 그러므로 ① $=6$	3점	2분 / 전체 80분
t에 관한 방정식 $t^2-6t+8=0$에서 두 근의 곱은 8이다. 그러므로 ② $=8$	3점	
$\dfrac{8^\alpha+8^\beta}{2^\alpha+2^\beta}$ $=\dfrac{(2^\alpha+2^\beta)^3-3\times2^\alpha\times2^\beta(2^\alpha+2^\beta)}{2^\alpha+2^\beta}$ $=\dfrac{6^3-3\times8\times6}{6}$ $=6^2-3\times8=36-24=12$ 그러므로 ③ $=12$	4점	

11

[모범답안]

$f(x)=(x-a)^2+b$(단, a, b는 상수)에서, 함수 $g(x)$가 $x=2$에서 연속이고 역함수가 존재하기 위해서는 $a\leq2$이어야 한다.

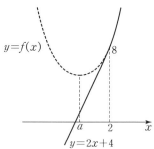

함수 $g(x)$가 $x=2$에서 연속이려면

$\lim\limits_{x\to2-}g(x)=\lim\limits_{x\to2+}g(x)=g(2)$를 만족해야 한다.

따라서

$\lim\limits_{x\to2-}g(x)=\lim\limits_{x\to2-}(2x+4)=8$

$\lim\limits_{x\to2+}g(x)=\lim\limits_{x\to2+}\{(x-a)^2+b\}=(2-a)^2+b=a^2-4a+b+4$

[채점기준]

답안	배점	예상 소요 시간
[함수 $g(x)$가 $x=2$에서 연속이면서 역함수가 존재하기 위한 조건 찾기] a값의 범위가 $a>2$인 경우 위의 그림과 같이 일대일 대응이 성립하지 않으므로 $a\leq2$일 때 함수 $g(x)$는 $x=2$에서 연속이고 역함수가 존재한다.	2점	5분 / 전체 80분
[함수 $g(x)$가 $x=2$에서 연속이기 위한 조건 찾기] 함수 $g(x)$가 $x=2$에서 연속이려면 $\lim_{x\to2-}g(x)=\lim_{x\to2+}g(x)=g(2)$를 만족해야 한다. 따라서 $\lim_{x\to2-}g(x)=\lim_{x\to2-}(2x+4)=8$ $\lim_{x\to2+}g(x)=\lim_{x\to2+}\{(x-a)^2+b\}$ 　　　　　$=(2-a)^2+b$ 　　　　　$=a^2-4a+b+4$ $\therefore a^2-4a+b+4=8$, $b=-a^2+4a+4$	3점	
[$f(4)$의 값 구하기] $f(4)=(4-a)^2+b$ 　　　$=a^2-8a+16+b$ 　　　$=a^2-8a+16$ 　　　　　$+(-a^2+4a+4)$ 　　　$=-4a+20$ $\therefore f(4)=-4a+20$	3점	
[$f(4)$의 최솟값] $a\leq2$이므로 $f(4)=-4a+20\geq12$ 따라서 $f(4)$의 최솟값은 12	2점	

12

[모범답안]

다항함수 $f(x)$가 닫힌구간 [0, 3]에서 연속이고 열린구간 (0, 3)에서 미분가능하다.

따라서 평균값 정리를 이용하면, $\dfrac{f(3)-f(0)}{3-0}=f'(c)(0<c<3)$의 값을 만족하는 상수 c가 열린구간 (0, 3)에 적어도 하나 존재한다.

이때, 조건 (가)를 이용하면

$\dfrac{f(3)-f(0)}{3-0}=\dfrac{f(3)-3}{3}=f'(c)(0<c<3)$

한편, 조건 (나)에서 모든 실수 x에 대하여 $|f'(x)|\leq1$이므로

$|f'(c)|\leq1$

이때 $f'(c)=\dfrac{f(3)-3}{3}$이므로

$\left|\dfrac{f(3)-3}{3}\right|\leq1,\ -3\leq f(3)-3\leq3$

$\therefore 0\leq f(3)\leq6$

따라서 $f(3)$의 최댓값 $M=6$, 최솟값 $m=0$이므로

$\therefore M-m=6$

[채점기준]

답안	배점	예상 소요 시간
[평균값 정리를 이용하여 $f'(c)$ 구하기] 다항함수 $f(x)$가 닫힌구간 [0, 3]에서 연속이고 열린구간 (0, 3)에서 미분가능 하므로 평균값 정리를 이용하면, $\dfrac{f(3)-f(0)}{3-0}=\dfrac{f(3)-3}{3}$ 　　　　　$=f'(c)(0<c<3)$ (단, c 이외의 다른 상수로 변환한 경우에도 배점처리)	4점	5분 / 전체 80분
[조건 (나)를 이용하여 $f(3)$의 범위 찾기] 조건 (나)에서 모든 실수 x에 대하여 $|f'(x)|\leq1$이므로 $|f'(c)|\leq1$이다. 이때, $f'(c)=\dfrac{f(3)-3}{3}$이므로 $\left|\dfrac{f(3)-3}{3}\right|\leq1$, $-3\leq f(3)-3\leq3$ $\therefore 0\leq f(3)\leq6$	4점	
$f(3)$의 최댓값은 $M=6$, 최솟값은 $m=0$	1점	
$\therefore M-m=6$	1점	

13

[모범답안]

$a_{10}+a_{20}+a_{30}+a_{40}=60$에서

a_{10}, a_{40}의 등차중항과 a_{20}, a_{30}의 등차중항이 a_{25}로 같으므로,

$a_{10}+a_{20}+a_{30}+a_{40}=(a_{10}+a_{40})+(a_{20}+a_{30})$

　　　　　　　　　$=2a_{25}+2a_{25}=4a_{25}=60$

$\therefore a_{25}=15$

한편,

$a_1+a_2+a_3+\cdots+a_{49}=(a_1+a_{49})+(a_2+a_{48})+(a_3+a_{47})$
$+\cdots+(a_{24}+a_{26})+(a_{25})$
$=(2a_{25})\times24+a_{25}=49a_{25}$

$\therefore 49a_{25}=49\times15=735$

[채점기준]

답안	배점	예상 소요 시간
$a_{10}+a_{20}+a_{30}+a_{40}=60$에서 a_{10}, a_{40}의 등차중항과 a_{20}, a_{30}의 등차중항이 a_{25}로 같다. $\therefore a_{25}=15$	4점	3분 / 전체 80분
$a_1+a_2+a_3+\cdots+a_{49}$ $=(2a_{25})\times24+a_{25}=49a_{25}$	4점	
$49a_{25}=49\times15=735$	2점	

14

[모범답안]

함수 $y=x^4-6x^3+9x^2=x^2(x-3)^2$이므로 그래프의 개형은 다음과 같다.

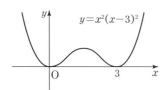

따라서 구하고자 하는 넓이는

$\int_0^3|x^4-6x^3+9x^2|dx$
$=\int_0^3(x^4-6x^3+9x^2)dx$
$=\left[\dfrac{1}{5}x^5-\dfrac{3}{2}x^4+3x^3\right]_0^3$
$=\dfrac{1}{5}\times3^5-\dfrac{3}{2}\times3^4+3^4=\dfrac{243}{5}-\dfrac{243}{2}+81=81\left(\dfrac{3}{5}-\dfrac{3}{2}+1\right)$
$=81\times\dfrac{6-15+10}{10}=\dfrac{81}{10}$

$\therefore \dfrac{81}{10}$

[채점기준]

답안	배점	예상 소요 시간
$y=x^4-6x^3+9x^2=x^2(x-3)^2$의 그래프의 개형	2점	4분 / 전체 80분
$\int_0^3|x^4-6x^3+9x^2|dx$ $=\int_0^3(x^4-6x^3+9x^2)dx$	3점	
$\left[\dfrac{1}{5}x^5-\dfrac{3}{2}x^4+3x^3\right]_0^3$ $=\dfrac{1}{5}\times3^5-\dfrac{3}{2}\times3^4+3^4$	3점	
구하고자 하는 넓이는 $\dfrac{81}{10}$	2점	

15

[모범답안]

$\triangle ABC$의 변의 길이가 각각 $a=4$, $b=4$, $c=2$이므로 코사인법칙에 의해

$\therefore \cos A=\dfrac{b^2+c^2-a^2}{2bc}=\dfrac{4^2+2^2-4^2}{2\times4\times2}=\dfrac{4}{16}=\dfrac{1}{4}$

한편, $\sin^2A+\cos^2A=1$이므로

$\sin^2A=1-\cos^2A=1-\dfrac{1}{16}=\dfrac{15}{16}$

$\therefore \sin A=\sqrt{\dfrac{15}{16}}=\dfrac{\sqrt{15}}{4}$

따라서 $\triangle ABC$의 넓이는

$\dfrac{1}{2}\times b\times c\times\sin A=\dfrac{1}{2}\times4\times2\times\dfrac{\sqrt{15}}{4}=\sqrt{15}$

[채점기준]

답안	배점	예상 소요 시간
[세 변의 길이를 이용하여 $\cos A$의 값 구하기] $\cos A = \dfrac{b^2+c^2-a^2}{2bc} = \dfrac{4^2+2^2-4^2}{2\times4\times2}$ $= \dfrac{4}{16} = \dfrac{1}{4}$	4점	
[$\sin^2 A + \cos^2 A = 1$를 이용하여 $\sin A$의 값 구하기] $\sin^2 A + \cos^2 A = 1$이므로 $\sin^2 A = 1 - \cos^2 A = 1 - \dfrac{1}{16} = \dfrac{15}{16}$ $\therefore \sin A = \sqrt{\dfrac{15}{16}} = \dfrac{\sqrt{15}}{4}$	4점	3분 / 전체 80분
[$\triangle ABC$의 넓이 구하기] $\therefore \dfrac{1}{2}\times b \times c \times \sin A$ $= \dfrac{1}{2}\times 4 \times 2 \times \dfrac{\sqrt{15}}{4} = \sqrt{15}$	2점	

2023 학년도

수원대

최종모의 논술고사
[인문계]

정답 및 해설

대·입 · 최·종·모·의 · 논·술·고·사

수원대(인문)

모집단위			학과(부, 전공)
성명		수험번호	

- 이 시험지는 국어 9문항, 수학 6문항, 총 15문항으로 구성되어 있다.

- 전체 시험 시간은 80분이며, 영역별 시간제한은 없다.

- 문제지의 해당란에 성명과 수험번호를 정확히 기입하시오.

- 답안지의 해당란에 성명과 수험번호를 쓰고, 답을 정확히 표기하시오.

- 답안지에 정답 외에는 어떠한 표시도 하지 마시오.

- 답안지에 주어진 문항 번호에 맞추어 답안을 작성하고, 주어진 답안 작성 분량을 반드시

  준수하시오.

시험이 시작되기 전까지 표지를 넘기지 마시오.

국어 영역

[1~2] 다음 글을 읽고 물음에 답하시오.

　회사가 성장하면서 규모가 커질수록 오히려 생산성은 떨어지는 현상이 나타나기도 한다. 이 경우 회사의 영업을 둘 이상으로 쪼개는 것인 회사 분할은, 이러한 문제를 해결하는 한 가지 방안이 될 수 있다. 반대로 회사 합병은 규모가 더 커지는 것이 이익이 될 때 이용하는 경영 방식이다. 회사 분할은 회사의 규모가 커진 후에 필요한 것이므로, 우리나라에서는 회사 합병보다 회사 분할이 더 늦게 제도화되었다.

　상장 회사인 '(주)초롱'이 제과와 제빵 영업으로 구성된다고 가정하고, 이를 통해 분할을 살펴보기로 하자. 만약 제빵을 떼어 내 '(주)초롱빵집'을 만든다면 이를 신설 회사라 하고, '(주)초롱'은 존속 회사라 한다. 상장 회사가 분할을 하려면, 주주 총회를 개최하여 출석한 주주의 의결권이 2/3 이상의 찬성 수와 발행 주식 총수의 1/3 이상의 찬성 수가 모두 충족되어야 결의가 가능하다. '(주)초롱'의 발행 주식 총수가 '120만 주'이고 주주 총회에 출석한 주주의 보유 주식 수가 '60만 주'라고 가정하자. 출석한 주주의 의결권인 '60만 주'의 2/3인 '40만 주' 이상이 찬성을 했다면, 이 수는 발행 주식 총수인 '120만 주'의 1/3인 '40만 주' 이상의 찬성 수에도 충족되므로 분할을 결의할 수 있다.

　분할을 할 때, 자산에서 부채를 뺀 값인 순자산은 분할 비율에 따라 존속 회사와 신설 회사가 나누어 갖는다. 분할 비율을 구하는 방법은 '신설 회사의 순자산'을 '분할 전 회사의 순자산'으로 나눈 값이다. 만약 이 값이 0.3이라면 신설 회사는 분할 전 회사가 보유한 순자산의 0.3배를 갖게 되며, 나머지는 존속 회사가 갖게 된다. 즉 '(주)초롱'의 순자산이 100억 원이라면, 분할 후 순자산은 '(주)초롱'이 70억 원, '(주)초롱빵집'은 30억 원이 되는 것이다.

　이러한 방식으로 신설 회사가 만들어지면, 이 회사의 주주를 누구로 할 것인가에 따라 인적 분할과 물적 분할로 구분된다. 인적 분할은 분할 전 회사의 주주들이 자신들의 지분비율만큼 존속 회사의 지분도 갖게 되고 신설 회사의 지분도 갖게 된다. 즉 분할 전 지분율 10%인 주주는 분할 후에도 존속 회사와 신설 회사에 대해 각각 10%의 지분율로 직접 지배하게 된다. 반면에 물적 분할은 신설 회사가 발행한 주식 전부를 존속 회사가 가지고 가는 형태이며, 신설 회사가 발행한 주식의 평가액은 신설 회사의 순자산과 같다. 그래서 존속 회사는 모(母)회사, 신설 회사는 자(子)회사라고 부르는 종속적인 관계를 갖는다. 물적 분할이 되면 분할 전 회사의 주주는 존속 회사에 대해서는 분할 전 지분율로 직접 지배하게 되지만, 신설 회사에 대해서는 지분이 없으므로 존속 회사를 통해 간접적으로 지배하게 된다.

　한편 회사의 분할로 인해 몇 가지 사회적 쟁점이 발생했는데, 이 중에는 근로자의 승계 문제가 있다. 민법에서는 사용자가 근로자의 동의 없이 근로자의 권리를 제삼자에게 양도할 수 없도록 되어 있지만, 상법에서는 신설 회사가 근로자를 승계하도록 되어 있기 때문이다. 이러한 문제에 대해 대법원은 상법을 우선 적용하는 것으로 판결하여, 근로자의 동의가 없더라도 승계가 된다고 했다. 한편 물적 분할로 인한 기존 주주의 권리 문제도 쟁점이다. 만약 '(주)초롱'의 경영자가 이미 물적 분할된 '(주)초롱빵집'에 대해 기업 공개를 하려는 결정을 내렸다고 가정하자. 기업 공개란 회사가 가진 지분을 다른 투자자에게 매각하는 것이다. 존속 회사 측에서는 '(주)초롱빵집'을 높은 가격으로 매각하여 존속 회사의 순자산이 늘면, '(주)초롱'을 보유한 이들의 주식의 가치도 높아진다는 점을 부각하여 기존 주주들을 설득시킬 것이다. 대신에 기업 공개 결과 '(주)초롱빵집'에 대한 '(주)초롱'의 지분율은 감소한다. 그래서 제빵 부문의 성장성을 긍정적으로 보고 '(주)초롱'을 장기간 보유하려 했던 기존 주주들은 기업 공개에 대해 반대를 할 수도 있다.

수원대 최종모의 논술고사

회사 합병은 여러 회사의 직원과 순자산을 하나의 회사로 합치는 것인데, 이 과정에서 사라지는 회사를 소멸 회사라 한다. 그리고 합병에 찬성하는 소멸 회사의 주주는 자기 지분의 가치만큼 관련 회사의 주식을 받게 되는데 이를 합병 대가라고 한다. 합병의 대부분은 흡수 합병이며, 이 방식은 기존의 한 개 회사가 존속 회사가 되어 소멸 회사를 인수하는 형태이다. 흡수 합병을 위해서는 존속 회사와 소멸 회사 모두 주주 총회의 결의가 필요하고, 결의 조건은 회사 분할 때와 같다. 만약 결의가 되었다면 합병 대가로 존속 회사의 주식을 받게 된다. 한편 합병에 반대하는 존속 회사 또는 소멸 회사의 주주에게는, 주주가 회사를 상대로 자신이 보유하고 있는 주식을 되사 줄 것을 요구하는 권리인 주식 매수 청구권이 부여된다. 다만 이 권리는 회사 분할이 결의되었을 때 분할에 반대하던 주주에게는 부여되지 않는다.

삼각 합병도 합병의 한 형태인데, 이는 모회사와 자회사 그리고 소멸 회사 간의 합병이다. 삼각 합병은 자회사가 소멸 회사를 인수하지만, 합병 대가로 자회사가 아니라 모회사의 주식을 받게 된다. 그래서 삼각 합병의 경우에 자회사는 소멸 회사의 주주에게 줄 모회사의 주식을 사전(事前)에 보유하고 있어야 한다. 삼각 합병을 하려면 자회사와 소멸 회사 모두 주주 총회의 결의가 필요하다. 결의 조건은 회사 분할 때와 같으며 이 과정에서 모회사의 결의는 필요하지 않다. 그래서 합병이 결의되었을 때 자회사와 소멸 회사의 주주에게는 주식 매수 청구권이 부여되지만, 모회사의 주주에게는 해당 권리가 부여되지 않는다.

[문제 1]

다음은 제시문의 내용을 바탕으로 회사 합병에 관한 내용을 정리한 것이다. ⓐ에는 찬성 주주가 합병의 대가로 받는 것, ⓑ에는 반대 주주가 받는 '주식 매수 청구권'의 의미를 차례대로 기술하시오.

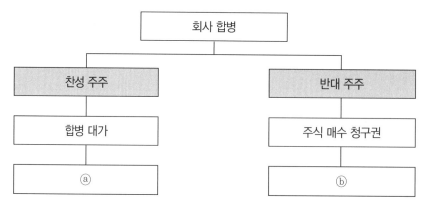

〈유의사항〉
- ⓐ는 3어절로, ⓑ는 35자 이내로 기술할 것(공백 제외)

[문제 2]
제시문의 내용을 바탕으로 〈보기〉의 내용을 이해할 때, 빈칸에 들어갈 금액을 쓰시오.

〈 보기 〉

'(주)착한맛'은 피자와 치킨 영업을 함께 하는 상장 회사로 자산은 100억 원이고 부채가 30억 원이다. 이 회사 경영인인 '갑'은 치킨 영업부를 떼어 내 '(주)꼬꼬맛'으로 인적 분할을 하기 위해 회계 팀에 분할 비율 산정을 의뢰하였다. 그 결과 갑의 분할 비율이 0.4로 확정되었다.

• 분할 전 '(주)착한맛'의 순자산은 _____ⓐ_____ 원이다.
• 분할 후 '(주)착한맛'의 순자산은 _____ⓑ_____ 원이다.
• 분할 후 '(주)꼬꼬맛'의 순자산은 _____ⓒ_____ 원이다.

[3~4] 다음 글을 읽고 물음에 답하시오.

다수의 학자들이 주장해 온 다문화주의를 정의해 본다면, 하나의 사회 내에서 다양한 문화적 특성을 지닌 집단 또는 계층이 존재하는 것을 구성원들이 인식하고 존중하며, 이들 집단의 사회적 · 문화적 차이를 인정하고, 모든 구성원들에게 동등한 권리가 보장되는 포용적 맥락에서 이들 집단이 사회를 위해 지속적으로 이바지하도록 장려하는 가치관과 행동의 체계라고 요약할 수 있다.

이 개념을 구체적으로 살펴보면 네 가지 요소로 논점을 제시할 수 있다. 이는 첫째, 문화의 다양성을 인식하고 존중하는 것, 둘째, 문화 간 차이를 인정하는 것, 셋째, 다른 문화가 사회에 이바지하도록 장려하는 것, 넷째, 앞의 세 가지 요소를 포용하는 가치관과 행동 체계로 정리할 수 있다.

이러한 요소를 더 구체적으로 풀어 본다면, 우선 (ⓐ)은/는 하나의 영토 안에서 복수의 인종 또는 민족이 존재하거나, 사회적 약자를 비롯한 다수의 계층이 공존하는 구조를 사회 구성원들이 받아들이고, 이와 관련된 일정한 규칙에 동의하고 지지함을 뜻한다. 이를 통해 구성원들은 자신과 다른 계층과 민족이 섞여서 생활하는 사회를 당연한 체계로 받아들이게 되는 것이다.

다음으로 (ⓑ)은/는 다양성의 인식과 존중을 전제로 하여 단일 문화가 아닌 다양한 문화가 존재함으로써 그 사회가 더욱 발전하고 역동적으로 성장한다는 가치를 깨닫는 것이다. 당연히 구성원들은 그러한 사회를 선호하고 소중하게 지켜 가기 위한 노력을 기울이게 될 것이다.

또한 (ⓒ)은/는 사회 구성원들이 열린 가치관을 소유하고 타문화에 대한 이해 정도가 높아져 있을 때 가능하다. 모든 문화는 고유의 특성과 색채를 띠고 있기 때문에 문화를 우월한 문화와 열등한 문화로 위계적 구분을 지을 수 없다. 문화는 수직적 단층 구조가 아닌 수평적 병렬 상태로 공존하는 인문적 자산인 것이다. 그런데 현실에서는 국가의 경제적 수준이나 국제 관계상의 지위에 따라 문화의 우월성까지 담보되는 경우가 종종 발생한다. 바람직한 다문화 사회가 되려면 하나의 영토 안에서 여러 가지 문화가 공존할 수 있는 환경이 갖추어져야 하며, 모든 구성원이 동등한 권리를 누리면서 문화적 교류와 상호 이해를 도모하고 정치, 경제 등 사회 활동에 제한 없이 참여할 수 있도록 해야 한다.

수원대 최종모의 논술고사

끝으로 다문화주의는 이와 같은 요소를 포용하는 가치관과 실천하는 행동 체계가 갖추어질 때 비로소 완성된다고 설명할 수 있다. 동시에 이러한 네 가지 차원의 다문화주의 요소는 서로 단절된 의미로 구성되고 작용하는 것이 아니라 상호 유기적인 결합을 통해 총체적인 의미 작용을 하는 통합적인 관계로 이해해야 할 것이다.

교통과 통신의 발달로 세계 여러 나라는 서로 긴밀히 교류하게 되었다. 결혼 이주민, 북한 이탈 주민, 유학생, 관광객, 사업가, 일자리를 찾는 구직자 등 많은 사람이 한국으로 오고 있다. 이 영향으로 우리나라도 빠르게 다문화 사회로 진입하고 있다. 이러한 사회적 변화에 대처하려면 우리 사회의 공동체 구성원 모두가 다문화주의에 대한 이해를 공유해야 한다.

[문제 3]
제시문의 빈칸에 들어갈 다문화주의의 구성 요소를 차례대로 기술하시오.

ⓐ _____

ⓑ _____

ⓒ _____

[문제 4]
제시문의 내용을 바탕으로 다문화주의의 개념을 구성하는 요소들 간의 관계를 기술하시오.

〈유의사항〉
- 30자 이내의 한 문장으로 기술할 것(공백 제외)

[5~6] 다음 글을 읽고 물음에 답하시오.

해가 저문 어느 날, 오막살이 토굴에 사는 노승 앞에 더벅머리 학생이 하나 찾아왔다. 아버지가 써 준 편지를 꺼내면서 그는 사뭇 불안한 표정이었다.

사연인즉, 이 망나니를 학교에서고 집에서고 더 이상 손댈 수 없으니, 스님이 알아서 사람을 만들어 달라는 것이었다. 물론 노승과 그의 아버지는 친분이 있는 사이였다.

편지를 보고 난 노승은 아무런 말도 없이 몸소 후원에 나가 늦은 저녁을 지어 왔다. 저녁을 먹인 뒤 발을 씻으라고 대야에 가득 더운 물을 떠다 주었다. 이때 더벅머리의 눈에서는 주르륵 눈물이 흘러내렸다.

그는 아까부터 훈계가 있으리라 은근히 기다려지기까지 했지만 스님은 한마디 말도 없이 시중만을 들어 주는 데에 크게 감동한 것이었다. 훈계라면 진저리가 났을 것이다. 그에게는 백천 마디 좋은 말보다는 다사로운 손길이 그리웠던 것이다.

이제는 가고 안 계신 한 노사(老師)로부터 들은 이야기다. 내게는 생생하게 살아 있는 노사의 모습이다.

산에서 살아 보면 누구나 다 아는 일이지만, 겨울철이면 나무들이 많이 꺾인다. 모진 비바람에도 끄떡 않던 아름드리나무들이, 꿋꿋하게 고집스럽기만 하던 그 소나무들이 눈이 내려 덮이면 꺾이게 된다. 가지 끝에 사뿐사뿐 내려 쌓이는 그 가볍고 하얀 눈에 꺾이고 마는 것이다.

깊은 밤, 이 골짝 저 골짝에서 나무들이 꺾이는 메아리가 울려올 때, 우리들은 잠을 이룰 수 없다. 정정한 나무들이 ⓐ부드러운 것 앞에서 넘어지는 그 의미 때문일까. 산은 한겨울이 지나면 앓고 난 얼굴처럼 수척하다.

사밧티의 온 시민들을 공포에 떨게 하던 살인귀 앙굴리말라를 귀의시킨 것은 부처님의 불가사의한 신통력이 아니었다. 아무리 흉악무도한 살인귀라 할지라도 차별 없는 훈훈한 사랑 앞에서는 돌아오지 않을 수 없었던 것이다.

ⓑ바닷가의 조약돌을 그토록 둥글고 예쁘게 만든 것은 무쇠로 된 정이 아니라, 부드럽게 쓰다듬는 물결이다.

– 법정, 「설해목」

[문제 5]
ⓐ의 '부드러운 것'이 지칭하는 대상물을 윗글에서 찾아 쓰시오.

[문제 6]
ⓑ에서 글쓴이가 말하고자 하는 바를 윗글의 주제와 연관 지어 기술하시오.

〈유의사항〉
– 10자(±5)의 한 문장으로 기술할 것(공백 제외)

수원대 최종모의 논술고사

[7~9] 다음 글을 읽고 물음에 답하시오.

[앞부분의 줄거리] 조선 시대 재상 윤현의 아들 지경은 참판 최홍일의 집에 머물다가 그의 딸인 연화와 사랑에 빠지고 혼인을 약속한다. 이후 장원 급제를 한 지경에게 희안군이 청혼을 하지만 지경이 이를 거절하고, 희안군은 임금에게 지경을 연성 옹주의 부마로 택할 것을 청한다.

희안군이 계하(階下)*에 있다가 임금께 아뢰었다.

"비록 성례는 하였으나 합궁(合宮) 전이오니 이제 옹주의 배우자로 선택하오나, 왕명을 순순히 좇는 것이 신하의 직분이오니, 제가 거역하지는 못하오리다."

임금이 화난 얼굴로 가로되,

"너를 사랑하여 부마(駙馬)로 정하거늘, 어찌 사양하여 핑계를 대느뇨."

지경이 머리를 땅에 닿아 가로되,

"어찌 감히 최녀로 성례함이 없사오면 은혜로운 혜택을 사양하리이까."

임금이 크게 화가 나서 가로되,

"ⓐ네 불과 소년 장원하여 환세(幻世)하고자 하여 옹주인 줄을 꺼림이라. 가장 범람하도다."

지경이 머리를 조아려 가로되,

"신이 어찌 또 감히 속여서 아뢰리까. 사람마다 은혜로운 혜택을 원하옵거든 어찌 꺼리며, 신의 나이 어리오되 조정 신하들이 모였사오니 불러 물으소서."

임금이 변색하여 가로되,

"합궁 전은 남이라. 옛 사례가 있으니 성종(成宗) 때에 경애 공주가 혼례를 하고 첫날밤 예를 치르지 못하여 죽으니 파혼하고 부마 위를 거두시니, 왕가에도 불행하던 바이라. 네 위엄이 성묘에 더하냐."

지경이 가로되,

"신은 그와 다르나이다. 그때 공주 돌아가시고, 신은 최 씨 살아 있사오니, 신이 부마 되오면 최 씨 청춘 과부 되오리. 전하의 너그럽고 어지신 덕택으로 신하의 인륜을 차마 어찌 끊으시리이까."

희안군이 가로되,

"빙채(聘采)*를 거두고 최녀를 다른 데로 보내면 어찌 홀로 늙으리요."

지경이 노하여 가로되,

"자기가 당초에 소관에게 구혼하다가 최가에 정한 고로 허락하지 아니하였더니, 일로 혐의를 이어 전하께 천거하여 전하에 해를 끼치고 아부한 죄를 면치 못하리로다. 신하의 자식이 많거늘 고이한 소인의 간사함을 깨닫지 못하시니 전하의 불명(不明)이로소이다."

임금이 크게 화가 나서 가로되,

"희안군은 과인의 동생이니 네게 작은 임금이라. 내 앞에서 욕하고 나를 사리 판단이 어두운 임금으로 능멸하니 자식 못 가르친 죄로 네 아비를 죄 주리라."

지경이 웃으며 가로되,

ⓑ"전하 중흥(中興) 19년에 일월 같사온 성덕이 심산궁곡에 미쳤거늘 유독 소신에게 불명하시고, 무거하신 정사가 이러하시니 죽어도 항복지 아니하리이다."

임금이 더욱 노하사 가로되,

"내 윤지경을 못 제어하리요. 군부를 욕한 죄로 의금부에 가두고, 또 윤현을 가두고 길례날을 받아 놓고, 최홍일은 빙채를 도로 주라."

하시니, 윤지경 부자가 옥에 갇히며 원통해하며 말하되,

"신이 자식이 망녕되어 상의를 불복하와 범죄 이렇듯 하오니 부자를 함께 죽이셔도 마땅하옵거니와, 최홍일의 딸은 지경의 아내요 신의 며느리오니, 전하의 성덕으로써 신자의 인륜을 잇게 하시면, 최 씨 비록 미약한 여자이오나 천은을 감축하와 화산(華山)의 풀을 맺어 성덕을 갚사올 것이요, 신의 부자 충성을 다할 것이니, 북원 성상은 익히 헤아리옵소서. 고문대가(高門大家)에 재랑*을 간택하오셔 만복을 누리게 하옵소서."

임금이 답하여 가로되,

"내 아는 바이어늘, 경의 부자가 한결같이 기망하느뇨. 인간 대사에 연고가 있어 퇴혼(退婚)하는 일이 왕왕 있나니, 최녀를 재랑을 택하여 맡기게 하고 지경의 방자함을 가르치라."

하니 윤 공이 하릴없어 하더라.

양사(兩司)* 함께 글을 올려 가로되,

"신등이 듣사오니 윤지경이 최홍일의 사위로 부르나이다. 혼인이란 것은 왕법의 위엄이오나, 양가의 상의할 것이어늘, 윤현의 부자를 가두시며 퇴채(退采)하라 하신 하교(下敎) 옳지 아니하나이다."

임금이 양사를 파직하시니, 홍문관이 이어서 가로되,

"혼인은 길사이오니 신랑과 사장을 가두심이 크게 옳지 아니 하여이다."

이에 임금이 놓으라 하시고, 하교하사 길일을 정하라 하시니 수십 일이 격하였는지라, 지경이 몹시 분하며 원망하나 하릴없어 하더라.

임금이 가로되,

"지경이 죄 중하나 길일 전에 관면(冠冕)*이 있으리라."

하시고 응교(應敎)*를 내리시니, 지경이 하릴없이 입공(立功)하더라.

하루는 최 씨의 집에 이르니 최 공 부부 서로 볼새, 부인은 눈물이 비와 같이 흐르고, 공도 역시 슬퍼 탄식하여 가로되,

"상명이 퇴채하라 하시니 여아는 규방에 늙기를 정하고, 또한 내 어른 재상으로 군명을 어기리요."

생이 애연하여 가로되,

"그러면 서로 얼굴이나 보사이다."

공이 가로되,

"불가하나 네 아내이니 잠깐 보고 가라."

하며 소저를 부르니, 소저가 명을 받들어 전당(前堂)에 이르러 부인 곁에 앉아 부끄러움을 띠어 사색이 태연하여 아는 듯 모르는 듯하고, 아리따운 태도가 달 같아 반가운 정이 일어나고, 어진 태도와 약한 기질을 대하매 마음이 깨어지는 듯하니, 공의 부부가 더욱 슬퍼하더라.

돌아가기를 잊고 앉았으니 공이 여아를 들여보내고 생의 손을 잡고 밖으로 나와 십분 타이르니, 생이 부득이 돌아와 병이 되어 식음을 폐하더니, 길일이 다다라 행례할새 옹주의 고운 얼굴이 전혀 없고 포독(暴毒)하고 인자함이 없음이 외모에 나타나는지라. 생이 더욱 불쾌하며 띠를 끄르지 아니하고 밤을 새우고 다음 날 아침에 입궐하여 문안하니, 임금이 웃으며 가로되,

"네 죄 크게 통한하더니 이제 자식이 되니 가장 어여쁘다."

하시고 즉시 부마의 관교(官敎)*를 주시니, 웃고 꿇어 받자와 계하에서 사은(謝恩)하고, 귀인을 보니 극히 교만하고 포독하니, 더욱 모골이 송연하더라.

박 귀인이 부마의 미려한 풍채를 사랑하고 더욱 기꺼워하더라. 부마가 집에 돌아와 대문에 들며 하인을 명하여 가마를 산산이 깨치고 들어와, 소매 속으로부터 부마의 관교를 내어 땅에 던지니, 윤 공이 크게 책망하여 가로되,

"이 어인 일이뇨. 임금이 주신 교지(敎旨)를 업수이 여김이 어찌 이렇듯 불공한가."

하고, 또 타이르더라.

— 작자 미상, 「윤지경전」

수원대 최종모의 논술고사

*계하: 층계의 아래
*빙채: 혼인 전에 신랑이 신붓집에 보내는 예물
*재랑: 재주 있는 젊은 남자
*양사: 조선 시대의 사헌부와 사간원을 말함
*관면: 벼슬하는 것을 일컫던 말
*응교: 홍문관에 속하여 학문 연구와 교명(敎命) 제찬(制撰)에 관한 일을 맡아보던 정사품 벼슬
*관교: 조선 시대에 임금이 사품 이상의 벼슬아치에게 주던 사령(=교지(敎旨))

[문제 7]
윗글에서 〈보기〉의 '늑혼(勒婚) 모티프'가 가장 잘 드러난 왕의 말을 찾아 첫 어절과 마지막 어절을 쓰시오.

─────〈 보기 〉─────

「윤지경전」은 임금이 주인공에게 혼인을 강제하는 늑혼(勒婚) 모티프를 서사적으로 전개한 애정 소설이다. 작품에서 남성 주인공 윤지경은 유교적 가치관이 지배하는 사회적 분위기에도 불구하고 인간 본연의 감정인 애정을 근거로 최녀와의 혼인을 원하고 있다. 반면 임금은 사적 영역에까지 충의 가치를 강제하며 연성 옹주와 윤지경의 혼인을 추진하고 있다. 또한 이 작품은 여성 주인공이 아니라 남성 주인공이 혼인으로 인해 고난을 겪고 이에 대항해 나간다는 점이 늑혼 모티프를 활용한 다른 애정 소설 작품들에 비해 독특한 점이라 할 수 있다.

[문제 8]
윗글의 ⓐ를 다음의 〈보기〉처럼 바꿀 때 빈칸에 들어갈 한자성어를 쓰시오.

─────〈 보기 〉─────

"네 어린 나이에 장원 급제하더니 (   )하여 과인의 명을 거역하려드는가!"

[문제 9]
윗글의 ⓑ를 통해 주인공 윤지경이 어떤 성품을 지닌 인물인지 서술하시오.

〈유의사항〉
– 3어절의 한 문장으로 기술할 것(공백 제외)

수원대 최종모의 논술고사

수학 영역

[문제 10]

0이 아닌 두 실수 p, q에 대하여 $p^{-1} \times q^{-1} = \dfrac{1}{3}$, $p^{-1} + q^{-1} = 1$일 때, $p^2 + q^2$의 값을 구하는 과정을 논술하시오.

[문제 11]

(단답형 문제) 다음은 수열 $\dfrac{1}{3}$, $\dfrac{1}{3+6}$, $\dfrac{1}{3+6+9}$, $\dfrac{1}{3+6+9+12}$, $\cdots$의 첫째항부터 제18항까지의 합을 구하는 과정을 논술한 것입니다. 빈칸 ①, ②, ③ 을 채우시오.

주어진 수열의 n번째 항을 a_n이라 하면

$$a_n = \boxed{①}$$

$$= \frac{1}{\displaystyle\sum_{k=1}^{n} 3k} = \frac{2}{3n(n+1)}$$

$$\therefore a = \frac{2}{3n(n+1)} = \boxed{②}$$

따라서 수열의 첫째항부터 제18항까지의 합은

$$\frac{2}{3}\left\{\left(\frac{1}{1} - \frac{1}{2}\right) + \left(\frac{1}{2} - \frac{1}{3}\right) + \cdots + \left(\frac{1}{18} - \frac{1}{19}\right)\right\} = \boxed{③}$$

[문제 12]

다항함수 $f(x)$가 다음 두 조건을 만족한다.

(가) $\lim\limits_{x \to 0} \dfrac{f(x)}{x} = 1$

(나) 모든 실수 x에 대하여 $|f(x) - x^2 - x + 1| \leq 1$

이때, $f(4)$의 값을 구하는 과정을 논술하시오.

[문제 13]

다항함수 $f(x)$에 대하여 $f(1) = 4$, $f'(1) = -2$이다. 함수 $g(x)$가 $g(x) = (x^3 + 2)f(x)$를 만족할 때, $g'(1)$의 값을 구하는 과정을 논술하시오.

[문제 14]

$\triangle ABC$에 외접하는 외접원의 반지름의 길이가 $4\sqrt{3}$이고 $\angle A + \angle B = 120°$일 때 선분 $\overline{AB}$의 길이를 구하는 과정을 논술하시오.

[문제 15]

수직선 위를 움직이는 점 P의 시각 $t(t > 0)$에서의 속도 $v(t)$가 $v(t) = -6t^2 + 12t$이다.

이때, 점 P가 시각 $t = 0$에서 출발하여 방향이 바뀔 때까지 움직인 거리를 구하는 과정을 논술하시오.

대·입·최·종·모·의·논·술·고·사

수원대(인문)

모집단위			학과(부, 전공)
성명		수험번호	

- 이 시험지는 국어 9문항, 수학 6문항, 총 15문항으로 구성되어 있다.

- 전체 시험 시간은 80분이며, 영역별 시간제한은 없다.

- 문제지의 해당란에 성명과 수험번호를 정확히 기입하시오.

- 답안지의 해당란에 성명과 수험번호를 쓰고, 답을 정확히 표기하시오.

- 답안지에 정답 외에는 어떠한 표시도 하지 마시오.

- 답안지에 주어진 문항 번호에 맞추어 답안을 작성하고, 주어진 답안 작성 분량을 반드시

  준수하시오.

시험이 시작되기 전까지 표지를 넘기지 마시오.

[1~2] 다음 글을 읽고 물음에 답하시오.

유학은 중국의 오랜 전통인 예(禮)라는 규범 안에 인(仁)을 배치하면서 탄생했다. 공자는 사람의 올바른 행동은 강제된 행동이 아니라, '인'이라는 도덕적 진정성으로부터 저절로 드러난 것이라고 보았다. 이렇게 올바른 행동을 유발하는 마음을 탐구하는 과정에서 유학은 인간의 행동을 일으키는 정감(情感)에 주목했다. 『예기』에서 언급한 기쁨, 노여움, 슬픔, 두려움, 사랑, 미움, 욕심의 일반 정감을 가리키는 칠정(七情)은 인간이라면 누구나 가지는 정감을 일곱 가지로 정리한 것이다. 여기에서 나아가 맹자는 선천적인 일반 정감에서 사람이 지닌 선함의 가능성을 발견했다. 그는 다른 이가 느끼는 아픔과 고통을 자기 것인 양 느낄 수 있는 불인인지심(不忍人之心), 즉 차마 어찌할 수 없는 마음을 인간이라면 누구나 지니고 있다고 지적했다. 이를 구체화한 것이 사단(四端)*인데, 인간에게는 선하게 될 가능성이 선천적으로 주어져 있다는 것이다.

주자는 형이상학적 이론화를 통해 맹자가 제시한 사단을 객관화하고자 했다. 선한 정감을 사람만의 특징으로 규정했던 맹자의 입장을 벗어나, 우주 전체의 보편적 이치로부터 객관적인 설명을 시도했던 것이다. 주자는 세계가 음(陰)과 양(陽)의 변화로 이루어진다는 음양론을 바탕으로 모든 것은 음에서 양으로, 양에서 음으로 계속해서 변하지만 '변한다는 그 자체'는 변하지 않는 것에 주목했다. 스스로는 변하지 않으면서 만물을 변하게 하는 이치를 리(理)로, 변화하는 물질직 속성을 기(氣)로 규정하고, '리'와 '기'가 합쳐져 삼라만상이 생성되고 변화하는 것이라 생각했다. 따라서 '기'는 '리'를 통해 드러날 뿐이며, '기'는 '리' 없이 홀로 존재할 수 없다고 보았다. 이에 따라 사람의 마음 역시 사람이 사람일 수 있게 하는 '리', 즉 사람의 본성인 성(性)과 그것을 마음의 활동으로 드러나게 하는 '기'가 합하여 정(情)이라는 개념으로 정립된다고 설명했다. 그리고 주자는 맹자의 성선론(性善論)에 근거하여 우주의 보편적 질서인 '리'가 사람에게 '인'과 의(義)와 같은 선한 본성으로 주어졌다고 보았다. 따라서 사단은 사람이 하늘로부터 부여받은 선한 본성을 구체적으로 실현시킨 정감이 된다.

하지만 선한 정감인 사단과 일반 정감인 칠정의 관계는 주자에 의해 구체적으로 규명되지 않았다. 이에 대해 이황은 사단은 '리'가 발현한 것으로, 칠정은 '기'가 발현한 것으로 정리했다. '성'은 선하기 때문에 사단의 근거가 되지만, 칠정 속에는 선한 정감뿐 아니라 사욕도 있기 때문에 사람의 비도덕적 행위는 칠정에서 비롯된다고 본 것이다. 이황은 이러한 이유에서 사단과 칠정을 분리해서 이해하고, 사단을 '리'에, 칠정을 '기'에 대응시킨다. 사단과 칠정을 분리하여 악한 감정을 제어할 수 있는 영역을 분명히 해야 한다고 여겼기 때문이다. 이에 대해 기대승은 사단도 정감이기 때문에 '기'의 영역과 무관한 것이 아니며, 사단이나 칠정 모두 '리'와 별개로 존재할 수 없다고 비판했다. 사단과 칠정 모두 정감인 이상 '리'와 '기'의 결합으로 이해해야 한다는 것이다.

이황과 기대승의 입장 차이는 수양의 방법에 대해서도 서로 다른 견해로 나타났다. 이황은 기대승의 비판에 대해 사단이 '기'와 관련된다는 것을 인정하면서도 '리'인 '성'과의 관련성을 검증하는 데 치중했다. 도덕 수양을 위해 집중해야 할 공부의 대상을 '성'에서 사단으로 이어지는 곳에 설정함으로써, 칠정은 자연스럽게 제어와 통제의 대상으로 규정되었다. 즉 사단을 악함의 가능성을 지닌 칠정과 대립되는 개념으로 보았기 때문에, '리'가 '기'를 선택적으로 제어하고 조절하는 능동성을 지닐 수 있다고 본 것이다. 이에 따라 이황은 '성'이 그대로 사단으로 발현될 수 있도록 '성'의 상태를 유지시키는 경(敬)의 자세를 중시했다. '리'가 그대로 정감으로 발현될 수 있도록 사적인 욕망이 끼어들지 못하게 마음을 경건하게 하는 공부를 해야 한다는 것이다.

수원대 최종모의 논술고사

하지만 기대승은 원론적인 주자학의 입장에서 능동적 속성은 '기'의 영역이라는 전제 아래, 만약 '리'에서 나오는 정감과 '기'에서 나오는 정감을 별개로 본다면 마음속에 두 종류의 정감이 존재한다는 점을 비판했다. 사단이 선함이고, 칠정이 선함과 악함을 모두 가졌다면 마음속에 근원이 다른 두 개의 선함이 존재하는 모순이 생긴다는 것이다. 기대승은 마음은 '리'와 '기'의 결합이라는 주자학의 원칙을 바탕으로 정감은 모두 '성'에서 나온 것이라고 보았다. 따라서 '성'은 칠정으로 발현되는 문제는 칠정이 구체적인 상황에서 사단이 되지 못하는 것이므로, 칠정 그 자체를 제어하여 사단이 되도록 생각을 정성스럽게 하는 성의(誠意)를 강조했다. 또한 마음 그 자체에 집중하는 수양보다는 경전 공부를 통해 성현들의 행동을 익혀 따르는 것이 중요하다고 보았다.

*사단: 다른 사람을 측은히 여기는 측은지심(惻隱之心), 자신의 잘못을 부끄러워하고 다른 사람의 잘못을 미워하는 수오지심(羞惡之心), 다른 사람의 호의에 대해 사양하는 사양지심(辭讓之心), 옳고 그름에 대해 스스로 아는 시비지심(是非之心)의 네 가지 선한 정감

[문제 1]

〈보기 2〉는 이황과 기대승이 〈보기 1〉의 (가), (나)에 대해 보일 반응을 추론한 것이다. 제시문의 내용을 바탕으로 빈칸에 들어갈 인물들을 차례대로 쓰시오.

───────〈보기 1〉───────

(가) 다른 사람을 측은하게 여기는 마음이나 자신의 잘못에 대해 부끄러워하는 마음과 같은 사단(四端) 또한 정감이기 때문에 각 상황에 딱 맞는 경우도 있지만 딱 맞지 않은 경우도 있다. 다른 사람을 측은하게 여기는 것이 옳지 않은 상황임에도 불구하고 그를 측은하게 여기거나, 자신의 잘못에 대해 부끄러워하는 것이 옳지 않은 상황임에도 불구하고 부끄러워하는 것이 바로 그 상황에 맞지 않게 정감이 드러나는 경우이다.

(나) 사단(四端)은 리(理)가 정감으로 드러난 것이고, 칠정(七情)은 기(氣)가 정감으로 드러난 것이다. 그런데 기쁨[喜]·노여움[怒]·사랑[愛]·미움[惡]·욕심[慾]을 보면 오히려 인(仁)이나 의(義)와 비슷한 측면이 있다.

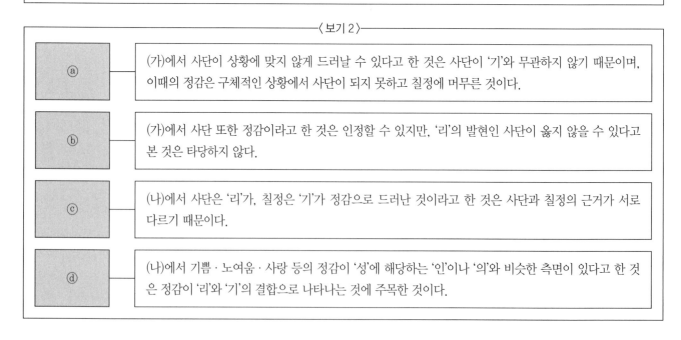

───────〈보기 2〉───────

ⓐ (가)에서 사단이 상황에 맞지 않게 드러날 수 있다고 한 것은 사단이 '기'와 무관하지 않기 때문이며, 이때의 정감은 구체적인 상황에서 사단이 되지 못하고 칠정에 머무른 것이다.

ⓑ (가)에서 사단 또한 정감이라고 한 것은 인정할 수 있지만, '리'의 발현인 사단이 옳지 않을 수 있다고 본 것은 타당하지 않다.

ⓒ (나)에서 사단은 '리'가, 칠정은 '기'가 정감으로 드러난 것이라고 한 것은 사단과 칠정의 근거가 서로 다르기 때문이다.

ⓓ (나)에서 기쁨·노여움·사랑 등의 정감이 '성'에 해당하는 '인'이나 '의'와 비슷한 측면이 있다고 한 것은 정감이 '리'와 '기'의 결합으로 나타나는 것에 주목한 것이다.

[문제 2]

다음의 〈보기〉는 제시문의 내용을 바탕으로 이황과 기대승이 주장한 수양 방법을 비교하여 설명한 것이다. 빈칸에 들어갈 용어를 쓰시오.

━〈보기〉━

    수양 방법으로 이황은 '성'이 그대로 사단으로 발현될 수 있도록 '성'의 상태를 유지시키는 (ⓐ   )의 자세를 중시한 반면, 기대승은 칠정 그 자체를 제어하여 사단이 되도록 생각을 정성스럽게 하는 (ⓑ   )을/를 강조했다.

[3~4] 다음 글을 읽고 물음에 답하시오.

    1900년데 초 숲이 우거져 있던 케냐의 고원 지대는 토질이 뛰어나 농작물 생산량이 풍부했고 비교적 인구 밀도가 높았다. 그 외의 지역에서는 드넓은 보존림을 가꾸었는데, 그곳에는 코끼리와 표범, 물소, 그 밖의 다른 동물들이 수없이 많이 살았다. 케냐 사람들은 이 보존림뿐 아니라 모든 지역에서 나무를 베었지만, 관습적으로 덤불이 자란 곳이나 나무가 드문드문 서 있는 곳 위주로 집을 짓거나 거기서 땔감을 구했을 뿐 더 크고 곧은 나무들에는 손대지 않았다.

    케냐 사람들이 크고 곧은 나무를 보호한 데에는 나무에 정령이 깃들어 있다는 믿음 또한 영향을 미쳤다. 예를 들어 키쿠유 사람들은 베어지지 않고 서 있는 나무를 '숲의 벌목에 저항하는 나무'라는 뜻인 무레마키리티라 불렀으며, 베어진 나무들의 정령이 이 나무들에 깃들었다고 여겼다. 그리고 정령이 다른 나무로 옮겨 간 뒤에야 이 나무들을 벨 수 있었다. 사람들은 베어 낼 나무에 나뭇가지를 기대어 놓았다가 다른 나무로 옮기거나, 나무를 베자마자 그 자리에 곧바로 또 다른 나무를 심는 방식으로 나무의 정령을 다른 나무로 옮겨 가게 했다. 그런 조심스러움이 무지막지한 벌목을 막은 것은 분명하다.

    많은 공동체에서는 일반적으로 나무 그 자체를 숭배하는 것이 아니라, 특정한 나무나 관목을 정하고 가족과 공동체 전체를 위해 그 밑에 제물을 바쳤다. 키쿠유 사회에서는 이런 나무 가운데 하나가 무구모라 불리는 무화과나무였다. 모든 무화과나무가 숭배의 대상이 된 것은 아니었지만, 키쿠유 제사장들은 무화과나무가 있는 곳에서만 제의를 올렸다. 제의가 열린 무화과나무와 그 주변은 신성한 곳이 되었다. 내가 어렸을 때, 어머니는 집 가까이에 있는 무화과나무 근처에서는 땔감으로 쓸 잔가지를 주워 오면 안 된다고 단단히 이르셨다. 그 나무는 '하느님의 나무'이기 때문이다.

    무화과나무를 하느님의 나무로 인식하는 데는 일종의 생태학적 추론이 뒷받침된다. 깊이 뻗은 무화과나무 뿌리는 산사태를 예방하고, 빗물을 땅속에 저장하고 순환시켜 지표면에 냇물이나 개울을 이루게 한다. 따라서 무화과나무를 죽이거나 해치면, 흙이 불안정해지고 물의 저장과 방출이 어려워진다. 무화과나무를 약재나 식량으로 이용해 왔을 많은 사람이, 때때로 겪어야 했던 가혹한 환경 속에서 살아남을 수 있었던 이유는 바로 여기에 있다.

    인류 문명이 시작된 뒤로 나무는 식량과 약재, 건축 재료였을 뿐 아니라 사람을 치유하고 위로하고 신과 연결되는 장소였다. 나무는 지구에서 가장 오래되고 가장 큰 생명체 가운데 하나이므로, 인류가 나무를 종교적 관점에서 인식하는 것은 그다지 놀라운 일이 아니다. 특정한 종류의 나무들은 영적으로 중요하다. 가나 남부의 많은 공동체는 백단향과 이로코, 리아나를 성스럽게 인식한다. 특히 가나 은코란자와 말라위 일대에 있는 신성한 숲들과 요루바족 여신 오슌에게 바쳐진 나이지리아 오쇼그보 근처의 숲은 그 중요성이 인정되어 유네스코에서 세계 유산으로 지정했다.

나무가 주는 그늘과 공간의 영적 울림 때문에 나무는 공동체 전체가 모이는 중요한 장소가 되기도 한다. 사람들은 나무 아래 모여 앞일을 의논하고, 찬반이 갈리는 문제에 관해 부족 어른이 판단을 내리고는 한다. 따라서 특정한 나무가 한 집단의 정체성을 상징하는 것은 어쩌면 당연한 일이다. 키쿠유족은 자녀 양육이 끝난 사람들을 공동체 생활 양식의 수호자이자 지혜로운 후견인으로 여겼다. 따라서 그들은 중재자이자 판관으로 받아들여졌으며, 의식이 진행되는 동안 부족의 어른 자리에 앉아 ⓐ시이기나무 막대를 쥐고 있었다. 그것은 폭력이 용인되지 않는다는 표시였다. 이런 관례는 평화 협정에 조언하는 것만큼이나 구속력을 지녔고, 공동체 내부에서 그리고 공동체끼리 평화를 유지하는 데 크게 이바지했다. 신성한 숲과 그 나무와 숲에 부여된 영적이고도 상징적인 중요성을 생각해 보면, 나무는 언제나 우리의 동반자였다.

[문제 3]
키쿠유 사람들이 다음의 〈보기〉와 같이 행동한 이유를 제시문에서 찾아 기술하시오.

─〈 보기 〉─

키쿠유 사람들은 베어 낼 나무에 나뭇가지를 기대어 놓았다가 다른 나무로 옮기거나, 나무를 베자마자 그 자리에 곧바로 또 다른 나무를 심었다.

〈유의사항〉
– 20자 이내의 한 문장으로 기술할 것(공백 제외)

[문제 4]
위의 제시문에서 ⓐ의 '시이기나무 막대'가 상징하는 것은 무엇인지 3음절로 쓰시오.

[5~6] 다음 글을 읽고 물음에 답하시오.

(가)
우리는 썩어 가는 참나무 떼,
벌목의 슬픔으로 서 있는 이 땅
패역*의 골짜기에서
서로에게 기댄 채 겨울을 난다
함께 썩어 갈수록
바람은 더 높은 곳에서 우리를 흔들고
이윽고 잠자던 홀씨들 일어나
우리 몸에 뚫렸던 상처마다 버섯이 피어난다
황홀한 음지의 꽃이여
우리는 서서히 썩어 가지만
너는 소나기처럼 후드득 피어나
그 고통을 순간에 멈추게 하는구나
오, 버섯이여
산비탈에 구르는 낙엽으로도
골짜기를 떠도는 바람으로도
덮을 길 없는 우리의 몸을
뿌리 없는 너의 독기로 채우는구나

– 나희덕, 「음지의 꽃」

*패역: 마땅히 해야 할 도리에 어긋남

(나)
겨울 바다에 가 보았지
미지(未知)의 새
보고 싶던 새들은 죽고 없었네

그대 생각을 했건만도
매운 해풍에
그 진실마저 눈물져 얼어 버리고

허무의
불
물이랑 위에 불붙어 있었네

나를 가르치는 건
언제나
시간……
끄덕이며 끄덕이며 겨울 바다에 섰었네

남은 날은
적지만

기도를 끝낸 다음
더욱 뜨거운 기도의 문이 열리는
그런 영혼을 갖게 하소서

남은 날은
적지만

겨울 바다에 가 보았지
인고(忍苦)의 물이
수심(水深) 속에 기둥을 이루고 있었네

– 김남조, 「겨울 바다」

[문제 5]

작품 (가)에서 생명력이 소실된 공간에서 피어난 버섯의 강인한 생명력을 표현한 시구(詩句)를 찾아 쓰시오.

[문제 6]

작품 (나)에서 대립적인 소재를 통해 '허무'를 극복하고자 하는 화자의 내면 심리를 시각적으로 구체화한 연을 찾아 첫 어절과 마지막 어절을 쓰시오.

[7~9] 다음 글을 읽고 물음에 답하시오.

광문(廣文)이라는 자는 거지였다. 일찍이 종루(鐘樓)의 저잣거리에서 빌어먹고 다녔는데, 거지 아이들이 광문을 추대하여 패거리의 우두머리로 삼고, 소굴을 지키게 한 적이 있었다.

하루는 날이 몹시 차고 눈이 내리는데, 거지 아이들이 다 함께 빌러 나가고 그중 한 아이만이 병이 들어 따라가지 못했다. 조금 뒤 그 아이가 추위에 떨며 숨을 몰아쉬는데 그 소리가 몹시 처량하였다. 광문이 너무도 불쌍하여 몸소 나가 밥을 빌어 왔는데, 병든 아이를 먹이려고 보니 아이는 벌써 죽어 있었다. 거지 아이들이 돌아와서는 광문이 그 애를 죽였다고 의심하여 다 함께 광문을 두들겨 쫓아내니, 광문이 밤에 엉금엉금 기어서 마을의 어느 집으로 들어가다가 그 집 개를 놀라게 하였다. 집주인이 광문을 잡아다 꽁꽁 묶으니, 광문이 외치며 하는 말이,

"나는 날 죽이려는 사람들을 피해 온 것이지 감히 도적질을 하러 온 것이 아닙니다. 영감님이 믿지 못하신다면 내일 아침에 저자에 나가 알아보십시오."

하는데, 말이 몹시 순박하므로 집주인이 내심 광문이 도적이 아닌 것을 알고서 새벽녘에 풀어 주었다. 광문이 고맙다는 인사를 하고는, 떨어진 거적을 달라 하여 가지고 떠났다. 집주인이 끝내 몹시 이상히 여겨 그 뒤를 밟아 멀찍이서 바라보니, 거지 아이들이 시체 하나를 끌고 수표교(水標橋)에 와서 그 시체를 다리 밑으로 던져 버리는데, 광문이 다리 속에 숨어 있다가 떨어진 거적으로 그 시체를 싸서 가만히 짊어지고 가, 서쪽 교외의 공동묘지에다 묻고서 울다가 중얼거리다가 하는 것이었다.

이에 집주인이 광문을 붙들고 사유를 물으니, 광문이 그제야 그전에 한 일과 어제 그렇게 된 상황을 낱낱이 고하였다. 집주인이 내심 광문을 의롭게 여겨, 데리고 집에 돌아와 의복을 주며 후히 대우하였다. 그리고 마침내 광문을 약국을 운영하는 어느 부자에게 ㉠천거(薦擧)하여 고용인으로 삼게 하였다.

오랜 후 어느 날 그 부자가 문을 나서다 말고 자주자주 뒤를 돌아보다, 도로 다시 방으로 들어가서 자물쇠가 걸렸나 안 걸렸나를 살펴본 다음 문을 나서는데, 마음이 몹시 미심쩍은 눈치였다. 얼마 후 돌아와 깜짝 놀라며, 광문을 물끄러미 살펴보면서 무슨 말을 하고자 하다가, 안색이 달라지면서 그만두었다. 광문은 실로 무슨 영문인지 몰라서 날마다 아무 말도 못하고 지냈는데, 그렇다고 그만두겠다고 말할 수도 없었다.

그 후 며칠이 지나, 부자의 처조카가 돈을 가지고 와 부자에게 돌려주며,

"얼마 전 제가 아저씨께 돈을 빌리러 왔다가, 마침 아저씨가 계시지 않아서 제멋대로 방에 들어가 가져갔는데, 아마도 아저씨는 모르셨을 것입니다."

하는 것이었다. 이에 부자는 너무도 부끄러워서 광문에게,

"나는 소인이다. 장자(長者)의 마음에 상처를 주었으니 나는 앞으로 너를 볼 낯이 없다."

하고 사죄하였다. 그러고는 알고 지내는 여러 사람들과 다른 부자나 큰 장사치들에게 광문을 의로운 사람이라고 두루 칭찬을 하고, 또 여러 종실(宗室)의 빈객(賓客)들과 공경(公卿) 문하(門下)의 측근들에게도 지나치리만큼 칭찬을 해대니, 공경 문하의 측근들과 종실의 빈객들이 모두 이야깃거리를 만들어 밤이 되면 자기 주인에게 들려주었다. 그래서 두어 달이 지나는 사이에 사대부까지도 모두 광문이 옛날의 훌륭한 사람들과 같다는 이야기를 듣게 되었다. 그 당시에 서울 안에서는 모두, 전날 광문을 후하게 대우한 집주인이 현명하여 사람을 알아본 것을 칭송함과 아울러, 약국의 부자를 장자(長者)라고 더욱 칭찬하였다.

이때 돈놀이하는 자들이 대체로 머리꽂이, 옥비취, 의복, 가재도구 및 가옥 · 전장(田庄) · 노복 등의 문서를 저당 잡고서 본값의 십분의 삼이나 십분의 오를 쳐서 돈을 내주기 마련이었다. 그러나 광문이 빚보증을 서 주는 경우에는 담보를 따지지 아니하고 천금(千金)이라도 당장에 내주곤 하였다.

― 박지원, 「광문자전」

수원대 최종모의 논술고사

[문제 7]

윗글에서 '집주인'이 ㉠의 '천거(薦擧)'와 관련하여 '약국 부자'에게 전했을 것으로 추정되는 광문의 성품을 3어절로 기술하여 다음의 문장을 완성하시오.

이 젊은이는 _____ 청년으로 믿을 만하다.

[문제 8]

다음 〈보기〉의 내용을 참고하여 위의 작품이 조선 전기의 전(傳)과 다른 특징 세 가지를 기술하시오.

〈보기〉

　　한문 문체의 하나의 '전(傳)'은 기록할 만한 업적을 남긴 인물의 일대기를 기술하는 글이다. 조선 전기에는 유교적 도덕률을 중요하게 생각해 주로 재자가인(才子佳人)으로 표방되는 인물을 주인공으로 하였다. 일반적으로 '전(傳)'은 도입부에서 입전 인물의 신분, 가계, 내력 등을 밝히고, 전개 부분에서 인물의 행적을 서술한 뒤, 마지막으로 인물에 대한 종합적인 평가를 제시한다.

ⓐ _____

ⓑ _____

ⓒ _____

[문제 9]
다음의 〈보기〉는 제시문의 내용을 바탕으로 '약국에서 일어난 사건'을 인물 중심으로 구조화한 것이다. 빈칸에 들어갈 각 인물들을 쓰시오.

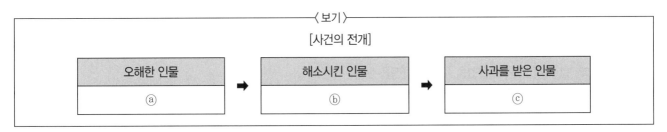

수원대 최종모의 논술고사

수학 영역

[문제 10]

함수 $f(x)=a\sin(x+\pi)+b$의 최솟값이 -4이고, $f(0)=2$일 때, 함수 $f(x)$의 최댓값을 구하는 과정을 논술하시오. (단, $a>0$)

[문제 11]

(단답형 문제) 함수 $f(x)=x^3+2x^2$ 위의 점 $(-1, 3)$에서의 접선과 x축 및 y축으로 둘러싸인 부분의 넓이를 구하는 과정을 논술한 것입니다. 빈칸 ① , ② , ③ 을 채우시오.

함수 $f(x)$의 양변을 x에 관해 미분하면,

$f'(x)=\boxed{①}$ 이므로

함수 $y=f(x)$ 위의 점 $(-1, 3)$에서의 접선의 기울기는

$f'(-1)=-1$

접선의 방정식은

$\therefore y=\boxed{②}$

접선의 x절편과 y절편의 값을 이용하여 넓이의 값을 구할 수 있다.

따라서 구하고자 하는 넓이는 $\boxed{③}$

[문제 12]

x에 대한 방정식 $x^2+4x+k=0$가 열린구간 $(-2, 3)$에서 오직 하나의 실근을 갖도록 하는 정수 k의 최댓값을 M, 최솟값을 m이라 하자. 이때, $M-m$의 값을 구하는 과정을 논술하시오.

[문제 13]

세 양수 a, b, c(단, $a \neq 1$)에 대하여 $\log_{\sqrt{a}} \dfrac{b}{c}=6$, $\log_{\sqrt{a}} bc=2$가 성립한다. 이때, $\log_a b^4 c^2$의 값을 구하는 과정을 논술하시오.

[문제 14]

다항함수 $f(x)$에 대하여 $f'(x) = 2x(3x+1)$이고 $f(0) = 0$이다. 이때 $f(1)$의 값을 구하는 과정을 논술하시오.

[문제 15]

등비수열 $\{a_n\}$의 첫째항부터 제 n항까지의 합을 S_n이라 할 때, $S_3 = 3$, $S_6 = 9$이다. 이때, S_9의 값을 구하는 과정을 논술하시오.

대·입·최·종·모·의·논·술·고·사

수원대(인문)

모집단위			학과(부, 전공)
성명		수험번호	

- 이 시험지는 국어 9문항, 수학 6문항, 총 15문항으로 구성되어 있다.

- 전체 시험 시간은 80분이며, 영역별 시간제한은 없다.

- 문제지의 해당란에 성명과 수험번호를 정확히 기입하시오.

- 답안지의 해당란에 성명과 수험번호를 쓰고, 답을 정확히 표기하시오.

- 답안지에 정답 외에는 어떠한 표시도 하지 마시오.

- 답안지에 주어진 문항 번호에 맞추어 답안을 작성하고, 주어진 답안 작성 분량을 반드시

  준수하시오.

시험이 시작되기 전까지 표지를 넘기지 마시오.

수 원 대(인문)

국어 영역

[1~2] 다음 글을 읽고 물음에 답하시오.

　오늘날 우리 사회에 만연한 공공성 결핍 현상이 사회적 쟁점으로 부상하고 있다. 공공성 결핍 현상은 개인을 사회와 독립된 별개의 존재이자 경제적 효용을 추구하는 합리적 존재로 보는 경향과 관련이 있다. 개인을 경제적 효용을 추구하는 존재로 보는 경향은 끊임없이 개인에게 자신의 경제적 효용 가치를 높일 것을 요구한다. 이러한 경향은 '공존'이나 '연대'와 같은 공적 가치의 기반을 생존을 위한 '경쟁'으로 대체하면서 공공성을 약화하고 사회적 불평등을 심화하는 결과를 초래하였다. 이와 같은 문제 상황을 해소하고 조화로운 사회를 구축하기 위해 공동체와 사회의 역할에 주목하는 공공성 담론이 활성화되고 있다.

　공공성에 대한 높아진 관심은 공공성의 개념이 무엇인가를 규명하는 연구로 이어지고 있다. 이러한 연구를 바탕으로 공공성을 구성하는 하위 개념을 정리해 보면, 우선 공공성의 개념에는 '국가 또는 정부와 관계된 것'이 포함된다. 이는 정당한 권력을 소유한 기관에 의해 이루어지는 행위가 공공성을 갖는다는 것을 의미한다. 정부 기관은 합법적 혹은 공적인 권력을 소유하고 있기 때문에 국가 또는 정부 기관과 관계된 것으로서의 공공성의 개념에는 강제, 권력, 의무라는 의미가 내포되어 있다. 물론 국가 또는 정부의 모든 행위가 공공성을 갖는다고는 할 수 없다. 하지만 국가 또는 정부의 행위는 기본적으로 국가 구성원들의 안전을 보장하고 이들의 행복한 삶을 영위할 수 있도록 지원하며, 국가 전반의 이익을 도모하려는 목적이 있어 공공성의 핵심 개념으로 보고 있다.

　[A] 다음으로 공공성의 개념에는 '공익(公益)'의 의미가 포함되어 있다. 일반적으로 광의의 개념으로서 공익은 사회 전반의 이익을 의미하는데 여기에는 정의, 형평 등 가치적인 요소도 포함이 된다. 반면 협의의 개념으로서 공익은 사회 전반의 경제적 이익을 의미한다. 이 경우 공익은 공공복리의 의미로 이해될 수 있다. 공공복리는 사회 공동체의 구성원들에게 구체적으로 귀속이 되는 이익이며, 공개적 차원에서 확인되는 이익이라 할 수 있다. 공익은 특정한 개인이나 집단의 이익이 아닌 다수의 사회 구성원들 그리고 사회 전반의 이익이라는 점에서 공공성과 매우 밀접한 개념이라고 할 수 있다.

　마지막으로 공공성의 개념은 '접근성'의 의미를 포함한다. 공공성으로서의 접근성은 공공재 혹은 공유되는 자원이 사회 구성원들에게 얼마나 개방되고 잘 활용되고 있는지를 의미한다. 또 정치적 참여와 알 권리의 보장을 의미하는 행위와 정보에 대한 접근성을 지칭하기도 한다. 특히 알 권리의 보장은 단순히 정보를 사회 구성원들에게 공지하는 차원을 넘어서 사회 구성원들이 정보와 관련된 공적인 문제에 대하여 고찰할 수 있는 계기를 제공한다는 점에서 매우 중요한 것이다.

수원대 최종모의 논술고사

[문제 1]
〈보기 2〉는 〈보기 1〉의 자료를 바탕으로 제시문의 [A]와 연관된 공익의 특성을 설명한 것이다. 빈칸에 들어갈 알맞은 학설을 차례대로 쓰시오.

─〈보기 1〉─

　　공익의 특성을 설명하기 위한 학설은 크게 실체설과 과정설로 나누어진다. 실체설은 공동체를 그 자체의 공공 의지와 집단적 속성을 지닌 하나의 실체로 보고 공익은 단순한 사익의 집합이 아니라 사익을 초월한 별도의 실체적 개념으로 존재한다고 본다. 실체설은 공익이 선험적으로 존재한다고 전제하며 공공선, 평등, 정의 등을 공익으로 취급한다. 반면에 과정설은 사익을 초월한 별도의 공익이란 존재할 수 없으며 공익이란 사익의 총합이거나 상충되는 이익을 가진 집단들이 상호 조정 과정을 거쳐 균형 상태의 결론에 도달했을 때 실현되는 것이라고 본다.

─〈보기 2〉─

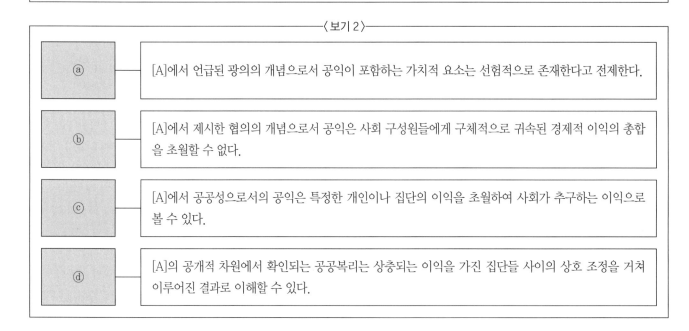

ⓐ　[A]에서 언급된 광의의 개념으로서 공익이 포함하는 가치적 요소는 선험적으로 존재한다고 전제한다.

ⓑ　[A]에서 제시한 협의의 개념으로서 공익은 사회 구성원들에게 구체적으로 귀속된 경제적 이익의 총합을 초월할 수 없다.

ⓒ　[A]에서 공공성으로서의 공익은 특정한 개인이나 집단의 이익을 초월하여 사회가 추구하는 이익으로 볼 수 있다.

ⓓ　[A]의 공개적 차원에서 확인되는 공공복리는 상충되는 이익을 가진 집단들 사이의 상호 조정을 거쳐 이루어진 결과로 이해할 수 있다.

[문제 2]
위의 제시문에서 공공성을 구성하는 하위 개념 중 '알 권리의 보장'과 관련된 개념은 무엇인지 쓰시오.

[3~4] 다음 글을 읽고 물음에 답하시오.

2002 한일 월드컵, 온 세계를 깜짝 놀라게 했던 한국 축구 4강 진출의 감격! 그날의 감동을 만들어 낸 원동력은 과연 무엇일까요? 그것은 바로 한국 축구의 수준을 한 단계 끌어올렸던 히딩크 감독의 리더십이 아닐까요? 히딩크의 훈련 원칙은 무한 경쟁이었습니다. 그는 취임 초부터 역할별로 두세 명씩 묶어 늘 경쟁을 붙였습니다. 선수들은 경기에 주전으로 나가기 위해 남보다 땀 한 방울이라도 더 흘리며 최선을 다해야 했습니다. 그렇게 히딩크 감독이 선의의 경쟁을 통해 서로의 실력이 향상되도록 유도한 결과, 한국 축구는 신화라 불린 기적을 이룰 수 있었습니다.

한국 축구가 2010년 남아프리카 공화국 월드컵에서 원정 첫 16강의 쾌거를 일구어 내며 한 단계 질적 도약을 이룬 것 역시 경쟁의 힘이 컸습니다. 세계 무대에서 경쟁력을 다진 해외파 선수들을 포함하여, 국내 프로 축구 리그에서 선의의 경쟁을 통해 실력을 쌓아 온 선수들이 있었기에 가능했던 일이었습니다. 지금은 은퇴한 피겨 스케이팅 선수 김연아 또한, 현역 시절 선의의 경쟁자인 아사다 마오를 떼어 놓고는 상상하기 힘듭니다. 두 선수 사이의 불꽃 튀는 경쟁이 세계 챔피언을 낳고 피겨의 새로운 시대를 연 것입니다.

우리가 재미있어하는 일에는 대부분 경쟁이라는 요소가 들어 있습니다. ㉠우리가 어려서부터 해 온 놀이와 오락도 경쟁을 할 때 더 재미가 있었습니다. 그것은 경쟁이 인간의 본능이기 때문입니다. 역사학자 요한 하위징아는 이러한 인간의 경쟁 본능을 '호모 루덴스'라는 말로 설명합니다. 그는 놀이하는 것이 인간이 하는 행위의 가장 큰 특성이며, 이 놀이하는 인간의 특성은 경쟁 본능과 밀접하게 연결되어 있다고 말합니다. 인간에게는 이기고 싶은 욕구가 있는데, 이것은 다른 사람을 능가하여 최고가 되고, 이를 인정받고 싶은 심리를 기반으로 합니다. 결국 인간은 바로 자신의 경쟁 본능을 충족하기 위해 놀이하는 존재가 되었다는 주장입니다.

인간을 공격적이고 이기적인 존재로 보았던 영국의 철학자 토머스 홉스 역시 경쟁심은 인간의 본능이라고 말했습니다. 인간의 본성 중에는 싸움을 불러일으키는 세 가지 요소인 경쟁심, 소심함, 명예욕이 있는데, 특히 경쟁심은 인간이 필요한 무엇인가를 얻기 위해 다른 사람과 투쟁하도록 만든다는 것입니다. 이런 점들로 보아, 경쟁은 우리 삶에서 떼어낼 수 없는 불가피한 것입니다. 따라서 우리에게는 경쟁을 부정하는 것이 아니라, 경쟁의 긍정적인 힘을 배우고 활용하는 지혜가 필요합니다.

위대한 경쟁의 힘! 사실 우리나라의 경제 성장 과정은 경쟁의 힘을 대표적으로 보여 주는 사례입니다. 1950년대, 전쟁으로 인해 물질적으로 풍요롭지 못했던 우리나라가 오늘날 높은 수준의 경제력을 지닌 국가로 성장할 수 있었던 것은 세계와 경쟁하면서 끊임없이 노력해 온 결과입니다. 우리 국민이 각자의 자리에서 선의의 경쟁을 다하지 않았다면, 오늘날 우리가 누리는 물질적 풍요는 불가능했을지도 모릅니다. 우리를 포함해 전 세계에서 지지하고 있는 자본주의 경제의 기본 원리가 바로 자유 경쟁이기 때문입니다.

경제학자 애덤 스미스가 바로 이러한 자본주의 경제 원리의 토대를 만들었는데, 그는 인간의 이기심이 사회를 발전시킨다는 신념을 바탕으로 자유 경쟁의 원리를 주장했습니다. 그는 인간이 타인에 대한 동정심보다 자신에 대해 애정이 앞서는 존재이며, 이러한 인간의 타고난 이기심을 인정하고 효과적으로 활용하면 개인과 사회 모두를 발전시킬 수 있다고 믿었습니다. 즉, 인간의 이기심을 통제하기보다 오히려 경쟁을 통해 인간의 이기심을 잘 활용하는 것이 개인의 행복과 사회 전체의 이익을 동시에 달성하는 길이라는 것입니다.

[문제 3]

위의 제시문에서 밑줄 친 ㉠의 이유를 기술하시오.

〈유의사항〉

- 30자 이내의 한 문장으로 기술할 것(공백 제외)

[문제 4]

다음의 〈보기〉는 경쟁에 관한 토마스 홉스와 애덤 스미스의 견해를 정리한 것이다. 위의 제시문의 내용을 바탕으로 빈칸에 들어갈 말을 차례대로 쓰시오.

---〈보기〉---

토마스 홉스는 경쟁을 (ⓐ)로 보았고, 애덤 스미스는 자유 경쟁을 (ⓑ)로 보았다.

〈유의사항〉

- ⓐ는 2어절, ⓑ는 4어절로 기술할 것(공백 제외)

[5~6] 다음 글을 읽고 물음에 답하시오.

채색 구름이 감도는 올림포스산 최고봉에 자리 잡은 제신(諸神)의 대리석 궁전은 휘황찬란하였다. 문지기만 하여도 눈이 부셔서 잘 보지 못할 지경이었다.

연못에서 최고봉까지 꼬박 일주일 동안 험한 산길을 더듬어 오른 개구리들은 기진맥진하였다. 개중에는 도중에서 쓰러진 자도 적지 않았다.

궁전이 쳐다보이는 참나무 숲에 도착한 제일진은 아득하게 멀리 산기슭까지 퍼진 개구리 떼를 바라보면서 아픈 다리를 쉬이고 있었다. 개구리로 뒤덮인 이 산은, 기어 오느라고 수성대는 그들로 바글바글 끓는 듯하였다. 위해한 광경이었다. 멍텅구리일망정 몸은 건장이어 제일진에 끼인 파랑이는 입을 벌리고 감탄하였다.

― 우리두 위대하구나아.

일찍이 개구리의 씨가 지상에 떨어진 이래 먹고 자는 여가를 타서 촌가를 아껴 번식에 노력한 그들의 역사는 여기 대단원을 연출하고 있었다. 감탄한 것은 파랑이뿐이 아니었다. 이 광경을 보는 뭇 개구리들은 자신들의 위대성을 처음으로 깨달았다.

입을 놀리면 청산유수같이 당할 자 없는 얼룩이도 몸을 부리는 실제 행동에는 말이 아니었다. 맨 뒤꽁무니를 가까스로 따라갔다. 그가 제일진이 기다리고 있는 참나무 밑에 도착한 것은 다른 자들이 다리를 쉬고 한잠 자고 난 후였다. 말주변이 좋은 그는 물론 대표로 뽑혀서 신전으로 나아가게 되었다.

이윽고 뭇 개구리가 머리를 조아리는 가운에 얼룩이는 파랑이와 검둥이를 거느리고 제우스 신 앞에 나가 국궁 삼배하고 입을 열었다.

"연못의 개구리들은 삼가 지성지엄하옵신 제우스 신 어전에 아뢰나이다. 일찍이 신등의 조상이 땅 위에 삶을 시작한 이래 광대무변하옵신 은총을 받자와 이같이 번영을 누리게 되오니 무엇으로써 이 홍은의 만분지일이라도 보답하오리까……."

찬란한 보좌에 앉아 까딱없이 듣고만 있던 제우스 신은 이마를 찌푸리면서 가로막았다.

"가만있어, 애 개굴아. 너희들이 잘 살아가는 것이 내 덕이라 이 말이지?"

얼룩이는 황송하여 땅에 딱 붙었다가 침을 꿀꺽 삼키고 머리를 들었다.

"황감하오나 그런 줄 아뢰나이다."

"그렇게 생각해 주니 고맙긴 하다마는 약간 쑥스럽구나."

"그 말씀 더구나 황송하나이다. 이제 신등이 어진에 아뢰옵고자 하는 바는, 백수(百獸)에는 사자가 있어 다스리고, 백금(百禽)에는 독수리가 통치하고 있사온 바, 유독 신등 개구리만은 통치자 없이 제각기 제멋대로 날치는 판국이오니 이를 가련히 여기사 조속한 시일 내에 임금을 내려 주시옵소서."

제우스는 두 눈으로 멍하니 보고만 있다가 한 손으로 뺨을 만지면서 물었다.

"임금이 없어 불편한 점이 있더냐?"

얼룩이는 한 걸음 바싹 나아가 엎드리면서 목청을 높였다.

"불편하옴보다도 질서가 없음을 걱정하나이다."

"질서? 무슨 질서 말이냐?"

"상하도 예의범절도 없이 제멋대로 날뛰는 이 현상이 어찌 가탄하지 아니하오리까? 억센 힘으로 가련한 이 무질서, 군중을 꽉 틀어쥐고 질서와 단계를 세워 빛나는 통치를 할 군주를 갈망함은 가뭄에 비를 기다리는 심정인가 하나이다."

"㉠너희들같이 어리석은 자의 눈에는 무질서로 보이리라. 그러나 그 뒤에는 더 높은 질서가 있다. 사자는 사자, 독수리는 독수리, 개구리는 개구리다. 애써 멍에를 쓰자고 덤비는 그 심사를 모르겠구나. 이 땅 위에 가장 행복한 것은 바로 너희들이니 돌아가 이 뜻을 뭇 개구리에게 선포하고 아예 어리석은 생각은 말라고 하여라."

얼룩이는 이마의 진땀을 앞발로 씻으면서 애걸하였다.

"그러하오나 임금을 모시고 섬기려는 개구리족의 결의는 이미 견결한가 하나이다."

제우스는 혼잣말같이 중얼거렸다.

"노예근성!"

얼룩이는 떨었다. 떨면서도 현명한 자기와 자기 동료의 진의를 오해한 것만 같아서 기어드는 목소리로 한마디 더 하였다.

"신등이 행복하옴은 오로지 홍은의 소치로 감읍불이하옵는 바 이 행복에 금상첨화로 질서를 더할까 하옵는 것이 소원인가 하나이다."

제우스는 우울한 표정이었다.

"아아, 의식(意識)의 비극이여, 너는 조작을 쉬지 못하고, 조작하면 반드시 이루어지나니 낸들 어찌하랴! 의식에는 이미 불행의 씨가 깃들었거든……. 들어 보아라, 너희들이 생각하고 소원하고 행동하였거든 그것이 이루어지는 것은 나도 막을 도리가 없다. 이제 연못으로 돌아가 기다려라. 곧 너의 소원을 풀어 주리라."

얼룩이는 감격의 눈물을 흘리면서 또다시 국궁 삼배하고 물러나와 뭇 개구리에게 성공을 알리니 땅에 엎드려 절하던 그들의 눈에는 눈물이 감도는 자도 있었다.

개구리들은 돌아섰다. 산을 넘고 강을 건너 더듬어 가는 길은 피곤하였으나, 머리에 그리는 개구리 제국의 꿈은 그들에게 용기를 북돋아 주었다.

돌아온 다음 날 아침이었다. 조반을 마치고 바윗등에 뒹굴고 있노라니까 멀리 보이는 올림포스산의 흰 봉우리에 무지개가 서더니 검은 것이 하늘 높이 솟자 이어서 이리로 향하여 쏜살같이 떨어져 왔다. 연못이 왈칵 뒤집힐 듯이 물을 뿌리면서 검은 것이 풍덩 빠졌다가 잠시 후에 물에 떴다.

그것은 큼직한 통나무였다.

제우스가 보내 준 자기들의 임금이라는 것을 의심하는 자는 아무도 없었다. 개구리들은 예전에 날짐승들이 독수리 앞에서 하던 모습을 생각하고 얼룩이의 지휘로 통나무 앞 물 위에 정렬하였다. 정렬이 끝나자 얼룩이는 재빨리 앞으로 나아가 어전에 대령하였다.

— 김성한, 「개구리」

[문제 5]

윗글에서 제우스가 ㉠처럼 말한 것은 개구리들에게 무엇을 일깨워주기 위한 것인지 2어절로 쓰시오.

[문제 6]

의인화와 관련된 〈보기 1〉의 내용을 바탕으로 위의 작품을 감상한 〈보기 2〉의 빈칸에 들어갈 말을 차례대로 쓰시오.

───────〈 보기 1 〉───────

　　의인화란 인간이 아닌 존재에 인간의 속성을 부여하는 표현 방식을 가리킨다. 이때 부각되는 인간적인 성격은 지향하는 가치가 실현되어야 할 세계와 실현되지 못한 세계, 그 가치가 보존된 사회와 훼손된 현실의 대비를 통해 강조된다. 의인화를 통해 가치가 실현되는 세계를 구현하기 위해서는 이상적인 인간상을 제시하는 경우가 많고, 과도한 욕망으로 훼손된 현실을 바로잡기 위해서는 문제의 원인에 대한 비판적인 시선을 나타내기도 한다.

───────〈 보기 2 〉───────

　　제우스가 임금을 원하는 개구리들의 요구를 행복을 모르는 어리석음에 비롯된 것이라고 간주하는 것은 현실 문제가 (　ⓐ　)에서 비롯된 것임을 비판적으로 나타내고 있다. 또한 제우스가 개구리들의 결의를 의식의 비극이라고 비난하는 것은, 보존되고 있는 가치가 (　ⓑ　)에 의해 훼손되는 현실에 대한 비판적인 시선을 드러낸 것이다.

[7~9] 다음 글을 읽고 물음에 답하시오.

[앞부분의 줄거리] 소설가인 '나'는 어느 날 낯선 여자의 전화를 받고 그 여자를 만나게 된다. 그 여자는 다름 아닌 고등학교 때 '나'가 좋아했던 현아였다. 현아는 스무 해 동안 갇혀 있었던 말들이라며, 당시 '나'가 친구를 통해 현아에게 주었던 시집을 내놓는다. 그 시집은 현아를 위해 '나'가 직접 써서 만들었던 것이다. '나'는 그 시집을 보고 친구의 하숙집에서 알게 된 뒤 좋아했던 현아와 시집에 대한 추억에 젖는다. 눈이 오는 어느 날, '나'는 현아에게 시집을 전해 주러 갔지만 현아는 집에 없었다.

　"현아는 집에 없는가 봐."

　내가 누구를 보러 왔는지 다 안다는 투였다. 나는 내 마음을 친구한테 들킨 것만 같아 또 얼굴이 화끈거렸다. 그러든 저러든 일단 현아가 집에 없다는 게 무척 다행으로 여겨졌다. 이렇게 분위기가 좋은 날 친구랑 현아가 한집에 같이 있으면 안 될 것 같은 생각이 자꾸만 들었다.

　"현아 없어도 돼. 그 대신 이것 좀 전해 주라……."

　내가 품에서 수제품 시집을 꺼내 친구 앞으로 내밀자 친구는 그걸 받아 물끄러미 내려다보았다. 나는 친구가 그 시집을 계속 내려다보고 있는데도 서둘러 현아 집을 뛰쳐나왔다. 괜히 친구에게 속을 보인 것 같아 너무나 어색했기 때문이었다.

　눈길을 되짚어 나오며 보니 현아 집으로 이어진 발자국 위에 눈이 제법 두텁게 덮여 있었다. 발자국을 볼 때마다 웃음이 픽픽 새어 나왔다. 한순간이나마 여자 신발 발자국을 현아 것으로 생각한 게 우스워서였다.

　"오빠!"

　쏟아지는 눈을 피하느라 고개를 숙인 채 혼자서 실없는 웃음을 지으며 골목길을 빠져나오는데 현아가 나타난 것이다.

　"어? 현아, 어디, 갔다, 와?"

　나는 뜻밖에 현아를 만나자 제대로 말을 하지 못하고 더듬거렸다. 현아는 온통 눈을 뒤집어쓴 채 두 손을 모아 어린아이가 엄마에게 반갑게 달려들 때처럼 손을 활짝 펼치며 들뜬 목소리로 말했다.

　"오빠, 눈사람 만들래?"

현아는 벙어리장갑을 끼고 있었다. 나는 바지 호주머니에 두 손을 푹 찌른 채 멍하니 서 있었다. 꿈인지 생시인지 모를 일이었다. 나는 현아랑 눈사람을 만들고 싶었다. 그러나 곧 고개를 저었다. 그보다는 먼저 현아가 내 시집을 받아서 읽어 봤으면 하는 마음에서였다. 아니, 어쩌면 장갑을 끼지 않은 내 맨손을 드러내고 싶지 않았는지도 모른다. 그래서 나는 엉뚱한 말을 내뱉고 말았다. "응, 나도, 그리고 싶은데, 바쁜 일이 있어서, 그만 가야 돼⋯⋯."

아까와 마찬가지로 나는 더듬거렸다. 갑자기 내가 바보가 되어 버린 게 아닌가 싶었다. 현아랑 자연스럽게 어울려 눈사람도 만들고, 친구한테 시집을 맡겼으니 받아 읽어 보라는 말도 하면 될 텐데 끝내 하지 못하고 말았다.

현아가 뭐라고 하는지 어떤지는 살펴볼 겨를도 없이 나는 마구 눈 속을 뛰었다. 뒤통수가 근질근질했다.

눈이 멈추고 며칠이 지났다. 나는 현아가 내 시집을 받고 어떤 반응을 보였을까 궁금해서 안달이 났다. 그러나 다른 때와 달리 현아네 집에 가 보기가 망설여졌다. 학교는 이미 겨울 방학이어서 친구를 학교에서 볼 일도 없었다.

몇 번씩이나 현아네 집 골목에 들어섰다가 발길을 돌리곤 했다. 오다가다 우연이라도 현아를 만나기를 바랐지만 그런 기적은 일어나지 않았다. 현아에게서 아무런 반응을 못 받은 나는 더 이상 시를 쓸 수 없었다. 하루에도 몇 번씩 현아네 집 쪽을 바라보며 얼마나 많이 절망했는지 모른다.

방학 동안 아이들은 자기가 갈 대학을 정하고 입학 원서를 쓰기 시작했다. 나는 시를 쓰는 동안 대학 같은 건 염두에 두지도 않았는데, 시고 뭐고 쓸 일이 없어져 버리자 우습게도 다시 대학을 생각하게 되었다.

그때부터 난 ⓐ몹시 추운 겨울을 보내야 했다.

[중간 부분의 줄거리] '나'는 대학 졸업 후 직장에 들어가 돈을 다루는 업무를 맡는다. 하지만 곧, 돈 세는 기계가 되어 버린 스스로의 모습에 환멸을 느끼고 고향을 찾는다.

고향 집에서 며칠을 보내며 내 살아온 지난날들을 더듬다 보니 자연스레 공책에다 뭔가를 끼적이게 되었다. 나도 모르게 글을 쓰기 시작한 것이다. 대단한 내용을 담은 글은 아니었으나 글을 쓰다 보니 내 마음이 가라앉고 위안이 되었다. 고등학교 때 생각이 났다. 인생을 모르는 사람들의 영혼이라도 쓰다듬어 줄 수 있는 시를 쓰자며 호기를 부리던 일이 떠오른 것이다. 이어 현아로부터 마른 가슴을 촉촉하게 적셔 줄 수 있는 시를 쓰라는 주문을 받았던 것도 떠올랐다. 어쩌면 나는 그 누구도 아닌 내 영혼을 쓰다듬는 글과 내 마른 가슴을 촉촉하게 적셔 주기 위해 글을 끼적이고 있는지도 몰랐다. 비록 시는 아니지만 다른 누구도 아닌 나 스스로를 위한 글을⋯⋯.

– 박상률, 「세상에 단 한 권뿐인 시집」

[문제 7]

다음 〈보기〉의 내용 중 밑줄 친 '현재의 '나'와 과거의 기억을 연결해 주는 매개물'이 무엇인지 쓰시오.

〈보기〉

종종 문학 작품에서 과거의 이야기를 끌어오기 위해 중심 소재인 매개물을 이용하는 경우가 있다. 이 작품에서도 이와 같은 방식을 활용하여 현재의 '나'와 과거의 기억을 연결해 주는 매개물을 이용하고 있다.

[문제 8]
윗글에서 ⓐ의 '몹시 추운 겨울'이 의미하는 바가 무엇인지 2어절로 쓰시오.

[문제 9]
주인공인 '나'가 자신의 처지에 대한 부정적인 인식에서 벗어나 이를 극복하고자 했던 행위가 무엇인지 3어절로 쓰시오.

수학 영역

[문제 10]

두 함수 $f(x)$, $g(x)$가 $\lim\limits_{x \to 2}(2x+2)f(x)=12$,

$\lim\limits_{x \to 2}\dfrac{f(x)}{f(x)+g(x)}=\dfrac{1}{2}$를 만족한다. 이때,

$\lim\limits_{x \to 2}\dfrac{3f(x)}{2x-g(x)}$의 값을 구하는 과정을 논술하시오.

[문제 11]

(단답형 문제)함수 $y=\sin^2 x-4\cos x+3$의 최댓값을 M, 최솟값을 N이라 할 때, $M+N$의 값을 구하는 과정을 논술한 것입니다. 빈칸 ① , ② , ③ , ④ 을 채우시오.

$\sin^2 x+\cos^2 x=$ ① 이므로

$y=\sin^2 x-4\cos x+3$을 $\cos x$에 관한 함수로 변형하면,

$\therefore y=$ ②

이때, $\cos x=t$라고 하면 t값의 범위는 $-1 \leq t \leq 1$이고, $y=-(t+2)^2+8$이므로

위의 함수는 최댓값 $M=$ ③ ,

최솟값 $N=$ ④ 을 갖는다.

$\therefore M+N=6$

수원대 최종모의 논술고사

[문제 12]

실수 t에 대하여 곡선 $y = -x^3 + 6tx^2 - 2tx$에 접하는 직선의 기울기가 최대일 때, 이 직선의 y절편을 $h(t)$라 하자. 이때, $h(-1)$의 값을 구하는 과정을 논술하시오.

[문제 13]

함수 $y = a^{2x-1} - \dfrac{1}{4}$의 그래프가 제4사분면을 지나지 않도록 하는 양의 정수 a의 최댓값을 구하는 과정을 논술하시오. (단, $a > 1$)

[문제 14]

모든 실수에 대하여 연속인 함수 $f(x)$가
$f(x+2)=f(x)+4$를 만족한다. $\int_0^4 f(x)dx=20$
일 때, $\int_0^2 f(x)dx$의 값을 구하는 과정을 논술하시오.

[문제 15]

첫째항이 3인 등차수열 $\{a_n\}$에 대하여
$\sum_{n=1}^{1020}(a_{2n})=4080+\sum_{n=1}^{1020}(a_{2n-1})$이 성립할 때, a_9의 값을
구하는 과정을 논술하시오.

대·입 · 최·종·모·의 · 논·술·고·사

수원대(인문)

모집단위			학과(부, 전공)
성명		수험번호	

- 이 시험지는 국어 9문항, 수학 6문항, 총 15문항으로 구성되어 있다.

- 전체 시험 시간은 80분이며, 영역별 시간제한은 없다.

- 문제지의 해당란에 성명과 수험번호를 정확히 기입하시오.

- 답안지의 해당란에 성명과 수험번호를 쓰고, 답을 정확히 표기하시오.

- 답안지에 정답 외에는 어떠한 표시도 하지 마시오.

- 답안지에 주어진 문항 번호에 맞추어 답안을 작성하고, 주어진 답안 작성 분량을 반드시

  준수하시오.

시험이 시작되기 전까지 표지를 넘기지 마시오.

수원대(인문)

국어 영역

[1~2] 다음 글을 읽고 물음에 답하시오.

세상에는 수많은 꽃들이 존재한다. 각각의 꽃들은 크기나 모양, 색깔 등이 모두 다름에도 불구하고 인간은 그것들을 모두 꽃으로 인식한다. 그 이유는 개개의 대상으로부터 공통적·일반적 성질을 뽑아내거나 공통되지 않은 성질을 버림으로써 만들어 낸 추상적 관념, 즉 개념을 바탕으로 인식하기 때문이다. 어떤 대상이 기존의 개념 체계 안에서 파악된다면 처음 접하는 대상이라 하더라도 그에 대한 지식이 있다고 할 수 있다. 반면 대상이 기존의 어떤 개념과도 일치하지 않는다면 그에 대한 지식도 없는 것이라 할 수 있다. 그런데 칸트는 개념만으로는 지식이 완전하지 않다고 보았다. 가령 삼각형의 개념을 안다 하더라도 삼각형 모양을 머릿속에 떠올리지 못하면 그 개념은 공허한 것일 뿐이다. 칸트는 개념을 구체적인 모습으로 떠올린 것을 '도식'이라고 했는데, 도식을 떠올리는 데에는 '상상력'이 작용하며, 도식이 있어야 개념과 개별적 대상이 연결될 수 있다고 보았다.

칸트는 상상력에는 감성과 지성이 관련된다고 보았으며, 이를 '재생적 상상력'과 '창조적 상상력'으로 나누어 각각의 기능에 대해 언급한 바 있다. 프랑스의 철학자 질 들뢰즈는 이러한 칸트의 상상력에 대해 다음과 같이 설명했다. 먼저 '재생적 상상력'은 개념을 이해하고 확인하는 것이다. 머릿속에 꽃의 도식을 떠올리는 것은 꽃의 개념을 분명하게 나타내는 수단이다. 만약 꽃의 도식이 개념과 맞지 않는다면 잘못된 도식을 가지고 있는 것이므로 도식을 수정해야 한다. 재생적 상상력으로 만들어 낸 도식은 개념에 종속되며 어떤 대상이 주어진 개념과 일치하는지를 판별하는 역할을 한 뿐이다. 반면 '창조적 상상력'은 개념에 구애받지 않는 것이다. 예술가들의 경우 사물의 개념에 의문을 품고 개념과 연결하기 어려운 낯선 도식을 작품으로 표현했다. 들뢰즈는 예술가들의 상상력이 만들어 낸 낯선 도식들이 기존 개념을 흔듦으로써 새로운 인식을 이끌어 낸다고 보았다.

들뢰즈는 재생적 상상력을 거부하고 창조적 상상력을 긍정했는데, 그 이유는 재생적 상상력이 만들어 내는 획일화된 삶에 대한 거부감 때문이었다. 개념과 개념에 종속된 도식은 동일성을 바탕으로 형성되는 것이므로 개별적인 존재의 독특한 특성은 개념을 벗어나는 것이다. 존재의 독자성은 개념에 부합하지 않는 비정상적인 것으로 취급되기 때문에 사람들은 개념에 의해 만들어진 엄격한 지침이나 질서를 따를 수밖에 없게 된다. 들뢰즈는 이러한 사회에서는 존재들이 독자적 성격을 발현하지 못하고 획일화된 삶을 살 수밖에 없다고 보았다. 들뢰즈는 개인이 주체로서 살기 위해서는 틀에 박힌 삶을 과감히 떨치고 유목민과 같은 방식으로 살 필요가 있다고 보았다. 유목민들은 정착과 안정된 삶에 얽매이지 않고 새로운 곳을 찾아다닌다. 정착하지 않기 때문에 특정한 가치와 삶의 방식에 매달리지 않고 끊임없이 자신을 바꾸어 간다. 남들이 정해 놓은 개념에 얽매이지 않기 때문에 그들은 자유롭고 독자적인 존재로 살아가는 것이다.

들뢰즈는 획일화된 삶을 탈피하기 위해서 개념에 의존하지 않는 것이 중요하다고 보았다. 세상에 존재하는 모든 장미꽃은 모두 제각각 자신만의 독특한 모양과 향기가 있다. 그것은 진달래꽃, 국화꽃과 구분되는 장미꽃의 개념만을 가진 사람에게는 인식되지 않는 것이다. 그래서 들뢰즈는 개념적으로 파악되는 '차이'와 개별 존재의 독자성을 구분하기 위해 '차이 자체'라는 말을 썼다. 예를 들어 A라는 사람을 이야기하기 위해 "A는 강원도 출신이며 공무원이다."라고 했을 때, A의 특성은 '강원도 출신', '공무원'이라는 성질에 의존한다. 어떤 개념을 형성하는 성질들을 '내포'라고 하는데 내포들이 많아지면 그것의 적용 범위인 '외연'은 줄어든다. 내포들이 많아지면 결국 외연이 단 한 명을 가리킬 수도 있다. 그렇지만 내포들 역시 동일성을 바탕으로 형성된 것이기 때문에 강원도 출신이 아닌 사람들, 공무원이 아닌 사람들과 '차이'를 나타낼 수는 있어도 그것이 A의 독자적 성질을 나타내는 것은 아니다. 결국 내포를 통해 '차이 자체'를 발견하는 것은 불가능에 가깝다고 할 수 있다.

수원대 최종모의 논술고사

세상 사람 모두가 제각각 다른 모양과 특성을 가지고 있듯 정원에 가득 피어 있는 장미꽃들도 제각각 독특함을 가지고 있을 것이다. 그렇지만 장미꽃이라는 개념으로 파악하면 그저 다 같은 장미꽃일 뿐이다. 결국 세상의 장미들에 대해 모두 안다고 생각하지만, 존재들 하나하나에 대해 아는 것은 없다고 할 수 있다. 들뢰즈가 생각하기에 사람들은 세상에 대해 알고 있다고 하지만, 실상은 진부한 개념만 알 뿐이었다. 그는 우리가 알아야 하는 것이 존재하는 모든 것들이 가진 '차이 자체'이며, 이는 틀에 박힌 개념의 틀에서 깨어날 때 비로소 드러난다고 보았다.

[문제 1]

제시문의 내용을 바탕으로 다음 〈보기〉의 빈칸에 들어갈 말을 차례대로 기술하시오.

─〈 보기 〉─

장미꽃의 개념과 맞는 도식을 머릿속에 떠올리는 것은 '(　　ⓐ　　)'이 발휘된 것이고, 기존의 원근법을 무시하고 산과 마을의 풍경을 하나의 덩어리로 표현한 입체파 화가의 그림은 '(　　ⓑ　　)'이 발휘된 것이다.

[문제 2]

다음의 〈보기 1〉은 소설 「어린 왕자」의 일부분이다. 위의 제시문의 내용을 바탕으로 〈보기 1〉을 해석할 때 〈보기 2〉의 빈칸에 들어갈 말을 차례대로 쓰시오.

─〈 보기 1 〉─

"너희들은 누구니?"
놀란 어린 왕자가 물었다.
"우린 장미꽃들이야."
"아! 그래?"
어린 왕자는 자신이 아주 불행하게 느껴졌다. 그의 꽃은 그에게 이 세상에 자기와 같은 꽃은 하나뿐이라고 말했었다. 그런데 여기 와 보니 똑같은 꽃이 한 정원에만도 5천 송이가 피어 있는 것이 아닌가!

(중략)

어린 왕자는 장미꽃들을 다시 보러 갔다.
"너희들은 내 장미꽃과는 전혀 닮지 않았어. 너희들은 아직 아무것도 아니거든. 아무도 너희를 길들이지 않았고 너희들 역시 아무도 길들이지 않았어. 너희들은 예전의 내 여우와 같아. 처음에는 그도 수많은 다른 여우들과 다를 바가 없었지. 하지만 내가 그를 친구로 만들었기 때문에 이젠 그는 세상에서 하나밖에 없는 여우가 된 것이야."

─〈 보기 2 〉─

• '어린 왕자'에게 '예전의 내 여우'나 '5천 송이' 장미는 '(　　ⓐ　　)'은/는 알지만 '(　　ⓑ　　)'을/를 발견하지 못했다는 점에서 공통점이 있는 대상이다.
• '어린 왕자'가 길들인 후의 여우를 '세상에서 하나밖에 없는 여우'라고 말하는 이유는 세상에 존재하는 수많은 여우들과 다른 개념적 '(　　ⓒ　　)'을/를 파악했기 때문이다.

[3~4] 다음 글을 읽고 물음에 답하시오.

어느 사회에서나 불평등은 존재한다. 더 큰 권력을 지닌 사람, 더 많은 부를 축적한 사람, 더 높은 지위와 존경을 누리는 사람이 있다. 그러나 그 불평등을 받아들이는 사람들의 의식이 사회마다 같은 것은 아니다. 어떤 사회에서는 권력의 불평등을 당연시하는가 하면, 어떤 사회에서는 인간적인 평등을 소중히 여긴다.

[A]
1809년 스웨덴 귀족들은 평화 혁명을 통해 국왕을 교체하였다. 이후 새로 취임한 국왕은 프랑스의 나폴레옹 아래에서 복무했던 베르나도트 장군이었다. 베르나도트는 스웨덴 국회에서 스웨덴 말로 취임 연설을 하였는데, 그가 스웨덴 말을 더 듬거리는 것을 보고 청중들은 크게 웃으며 떠들어 댔다. 이 새로운 스웨덴왕은 너무나 큰 충격을 받아서 이후 스웨덴 말을 쓰지 않았다고 한다.

이전까지 베르나도트가 살아왔던 프랑스, 특히 프랑스의 군대에서는 상관의 실수에 부하가 웃는 일은 상상조차 할 수 없다. 그러나 스웨덴에서는 한 나라의 최고 권력자라고 할 수 있는 국왕에 대해서 그다지 두려움을 느끼지 않는 것처럼 보였다. 그는 스웨덴과 노르웨이의 평등주의적인 사고방식에 적응하는 데 어려움을 겪었으나 이후 1844년까지 아주 존경받는 입헌 군주로 스웨덴을 잘 다스렸다.

스웨덴과 프랑스뿐만 아니라 다른 나라들도 권력자를 대하는 방식에 차이가 있다. 네덜란드의 실험 사회 심리학자인 마우크 뮐더르는 어느 다국적 기업에서 시행한 설문 조사 결과를 토대로 하여 '권력 거리'라는 개념을 창안하였다. 권력 거리란 부하들이 상관(권력자)에 대해 갖고 있는 감정적인 거리를 의미한다. 그가 권력 거리 지수를 산출하기 위해 사용한 질문은 다음의 셋이다.

① 당신(종업원)은 상사에게 의견을 말하는 것을 두려워하는 편입니까?
② 당신 상사의 의사 결정 방식은 어떠합니까? (답변 가운데 가부장적·전제적 방식을 선택한 응답자의 비율을 계산함.)
③ 당신은 상사의 어떤 의사 결정 방식을 좋아합니까? (가부장적·전제적 방식, 상의 방식이 아닌 다수결 원칙 방식을 선호한 응답자 비율을 계산함.)

위의 산출 방법에 따라 그가 조사한 바에 따르면, 100을 지수의 만점으로 볼 때 스웨덴의 권력 거리 지수는 31이었고, 프랑스의 권력 거리 지수는 68, 한국의 권력 거리 지수는 72였다. 이는 스웨덴 사람들은 상대적으로 권력에 대해 거리감을 덜 느끼고 불평등을 수용하지 않는 반면, 프랑스 사람들이나 한국 사람들은 상대적으로 권력에 대한 거리감을 크게 느끼고 불평등을 쉽게 수용함을 의미한다.

권력 거리 지수가 작은 나라에서는 부하 직원이 상사에게 일방적으로 의존하는 정도가 낮으며, 상사와 부하 직원 간의 상호 의존을 선호한다. 상사와 부하 직원 간의 감정적 거리는 비교적 가까운 편이다. 그래서 부하 직원은 상사에게 쉽게 접근해서 반대 의견을 낼 수 있다. 권력 거리 지수가 큰 나라에서는 부하 직원이 상사에게 의존하는 정도가 높다. 부하 직원은 그런 의존 관계(가부장적·전제적 상사에게 의존하는 관계) 자체를 선호하거나, 아니면 의존을 지나치게 거부하기도 한다. 이런 경우에는 상사와 부하 간의 심리적 거리가 멀고, 부하 직원이 직접 상사에게 다가가서 반대 의견을 내놓는 일이 좀처럼 드물다.

권력 거리란 한 나라의 제도나 조직의 힘없는 구성원들이 권력의 불평등한 분포를 기대하고 수용하는 정도라고 정의할 수 있다. '제도'란 가족, 학교, 지역 사회와 같은 사회의 기본 단위를 말하며, '조직'이란 이런 사람들이 일하는 곳을 가리킨다. 권력 거리는 이와 같이 힘없는 사람들에게 내면화된 가치 체계로 볼 수 있다.

일반적으로 '리더십'을 다루는 책들은 리더십이 '복종 정신'이 있어야 발휘될 수 있다는 사실을 종종 잊고 리더십을 지도자의 관점에서만 바라보려고 한다. 그러나 권위는 복종이 따라주어야 유지되는 것이다. 베르나도트의 문화 충격은 그에게 리더십이 없어서 생긴 문제가 아니었다. 베르나도트는 프랑스인이었으나 그가 다스려야 할 백성은 스웨덴 국민이었기 때문에 문제가 생긴 것이다. 스웨덴 국민들의 존대 개념은 프랑스인의 존대 개념과는 달랐다. 리더십 가치에 관한 국가 간 비교 연구는 국가 간의 차이가 지도자와 추종자 양자의 마음에 존재하는 것임을 보여 준다.

수원대 최종모의 논술고사

[문제 3]
제시문의 [A]에서 프랑스가 아닌 스웨덴 청중들이었기 때문에 웃을 수 있었던 이유를 다음의 핵심어를 사용하여 기술하시오.

> 핵심어: 권력 거리 지수

〈유의사항〉
– 25자(±5)의 한 문장으로 기술할 것(공백 제외)

[문제 4]
다음의 〈보기〉는 '권력 거리 지수'에 따른 부하 직원의 상사 의존도를 비교하여 설명한 것이다. 빈칸에 들어갈 말을 고르시오.

〈보기〉

	권력 거리 지수	작다	크다
ⓐ	부하 직원의 상사 의존도	(낮다 / 높다)	(낮다 / 높다)
ⓑ	부하와 상사 간의 심리적 거리	(가깝다 / 멀다)	(가깝다 / 멀다)
ⓒ	상사에 대한 반대 의견	(쉽다 / 어렵다)	(쉽다 / 어렵다)

[5~6] 다음 글을 읽고 물음에 답하시오.

칠월 초여드레 갑신일(甲申日). 맑음.
정사(正使)와 가마를 함께 타고 삼류하(三流河)를 건넜다. 냉정(冷井)이란 곳에서 아침 식사를 했다. 그리고 십 리 남짓 가서 산기슭 일대를 돌아 나오는데, 태복(泰卜)이 갑자기 공손히 허리를 굽히고 재빠른 걸음으로 말 머리를 지나서는, 땅에 넙죽 엎드리며 소리 높여 외쳤다.
"백탑(白塔)이 현신(現身)*합신다 아뢰오!"
태복이란 자는 정 진사(鄭進士)의 마부다. 산기슭이 여전히 시야를 가로막고 있어 백탑은 보이지 않았다. 말을 더욱 빨리 몰아서 수십 걸음을 채 못 가 산기슭을 막 벗어나자, 눈이 어찔어찔하면서 갑자기 눈 앞에 한 무더기의 흑점들이 어지럽게 오르내린다. 나는 오늘에사 깨달았노라, 인간의 삶이란 본래 의지할 데가 없으며, 오직 하늘을 머리에 이고 땅을 발로 디디면서 살아갈 수밖에 없음을!
말을 멈춰 세우고 사방을 둘러보다가, 저도 모르게 두 손을 들어서 이마에 대어 경례를 올리며 말하였다.

"통곡하기에 좋은 장소로다! 통곡할 만하구나!"

그러자 정 진사가 묻기를,

"이처럼 하늘과 땅 사이에 시야가 탁 트인 드넓은 곳을 만났는데, 갑자기 또 통곡을 생각하다니 왜 그러시오?"

하기에, 내가 말하였다.

"그렇기도 하오만, 꼭 그렇지만은 않소. 자고로 영웅은 울기를 잘하고 미인은 눈물이 많은 법이오. 하지만 그들의 울음은 두어 줄기의 소리 없는 눈물이 옷깃 앞에 굴러떨어지는 것에 지나지 않았으니, 그들의 울음소리가 천지에 가득 차서 종이나 경쇠에서 울려 나오는 듯했다는 말은 듣지 못했소.

사람들은 인간의 일곱 가지 감정[七情] 중에 오직 슬픔[哀]만이 통곡을 유발하는 줄 알고, 일곱 가지 감정이 모두 통곡할 만한 줄은 모르오. 기쁨[喜]이 극에 달하면 통곡할 만하고, 노여움[怒]이 극에 달하면 통곡할 만하고, 즐거움[樂]이 극에 달하면 통곡할 만하고, 사랑[愛]이 극에 달하면 통곡할 만하고, 미움[惡]이 극에 달하면 통곡할 만하고, 욕심[慾]이 극에 달하면 통곡할 만하다오.

그리고 억눌린 감정을 시원스레 풀어 버리는 것은 울음소리보다 더 빠른 게 없으니, 통곡이란 천지에 있어서 격렬한 천둥에 비길 만하오. 극에 달한 감정에서 우러나오고, 우러나온 것이 사리에 들어맞기만 한다면, 통곡이라 해서 웃음과 무엇이 다르리오?

사람들이 살아가면서 감정을 느낄 적에 이처럼 극에 달하는 경우는 겪어 본 적이 없는지라. 일곱 가지 감정을 교묘하게 배치하면서 그중 슬픔을 통곡과 짝지어 놓았소. 이로 말미암아 사람들은 누가 죽어 초상을 치를 적에야 비로소 억지로 '아이고 등의 소리'를 내어 울부짖지요.

하지만 진실로 일곱 가지 감정에서 우러난 지극하고 참된 목소리라면, 억누르고 꾹 참아서 천지 사이에 가득 쌓이고 맺혔어도, 감히 이를 공공연하게 드러내지 못하는 법이오. 저 가의(賈誼)란 사람은 통곡 장소를 얻지 못하여 참다가 못 견디자, 갑자기 선실(宣室)을 향해 한 번 큰 소리로 울부짖었으니, 어찌 사람들이 놀라 괴이쩍게 여기지 않을 수 없었겠소!"

그러자 정 진사가 묻기를,

"이제 이 통곡 장소가 저토록 드넓으니 나도 그대를 따라서 한번 통곡해야 하겠으나, 통곡하는 까닭을 모르겠구려. 일곱 가지 감정 중에서 찾자면, 무슨 감정 때문에 그러는 거요?"

하기에, 내가 말하였다.

"갓난아이한테 물어보시오! 갓난아이가 처음 태어날 적에 어떤 감정을 느꼈겠소? 처음으로 해와 달을 보고, 다음으로 부모를 보게 되며, 친척들은 눈앞에 가득 모여 기뻐하고 즐거워하지 않는 이가 없지요.

이와 같은 기쁨과 즐거움은 태어나서 늙을 때까지 둘도 없으니, 슬픔이나 노여움이 있을 리 없고 인정상 즐겁고 웃음이 나와야 할 텐데. 도리어 한없이 울부짖으며 분노와 원망이 속에 가득하오. 이는 아마도 인간이란 신성한 제왕이든 어리석은 백성이든 예외 없이 죽기 마련이고, 살아 있는 동안에는 실수나 죄를 저지르고 온갖 근심 걱정을 겪게 되니, 아이가 제가 태어난 것을 후회하며 미리 스스로 통곡하며 애통해하는 것이라고 생각할 수도 있소.

하지만 이것은 결코 갓난아이의 본심이 아니오. 아이가 막에 싸여 태중에 있을 적에는 어둠 속에 갇혀서 얽매이고 짓눌리다가, 하루아침에 텅 비고 드넓은 데로 솟구쳐 나와, 손을 펴고 다리를 뻗게 되며 정신이 시원스레 트이니, 어찌 참된 목소리를 내질러서 감정을 남김없이 한바탕 쏟아 내지 않으리오!

그러므로 의당 가식 없는 갓난아이의 울음소리를 본받아, 비로봉(毘盧峰) 꼭대기에 올라 동해를 바라보며 그곳을 통곡 장소로 삼을 만하고, 장연(長淵)의 금사산(金沙山)에 가서 그 곳을 통곡 장소로 삼을 만하오. 그런데 이제 요동 벌판에 임하여 보니, 여기서부터 산해관(山海關)까지는 일천이백 리나 되는데 사방 어느 곳이든 산 한 점 없으며, 하늘가와 땅끝이 풀로 붙인 듯 실로 꿰맨 듯 맞닿아 있고, 예나 지금이나 비 뿌리고 구름 피어나는 가운데 오직 끝없이 아득할 뿐이라, 이곳을 통곡 장소로 삼을 만하구려."

– 박지원, 『통곡하기에 좋은 장소』

*현신: 아랫사람이 윗사람에게 예를 갖추어 자신을 보이는 일

[문제 5]
윗글에서 무생물을 의인화하여 표현한 문장을 찾아 쓰시오. (한자 제외)

[문제 6]
박지원이 말하는 통곡하기에 좋은 장소에서 행 할 〈보기〉의 밑줄 친 '지극하고 참된 소리'는 어떤 소리인지 윗글에서 찾아 기술하시오.

〈보기〉
박지원은 통곡에 대한 관습적 인식을 부정하며 울음과 관련된 자신의 생각을 정 진사와의 대화를 통해 드러낸다. 특정 감정과의 연결이 아닌, 극에 달한 감정이 사리에 맞게 터진다면 웃음과 울음이 다르지 않다고 설명하면서 지극하고 참된 소리만 가슴에 맺힌 감정을 남김없이 한바탕 쏟아내는 것임을 밝힌다. 또한 통곡하기에 좋은 장소에 대한 견해를 제시하며 <u>지극하고 참된 소리</u>는 적절한 상황에서 펼쳐야 한다고 이야기한다.

〈유의사항〉
– 4어절로 기술할 것(공백 제외)

[7~9] 다음 글을 읽고 물음에 답하시오.

[등장인물] 중년 교수(본직(本職) 번역), 처, 장남, 장녀, 감독관, 천사
[앞부분 줄거리] 막이 오르면 장녀가 등장하여 관객들에게 가족을 소개하고, 장남이 등장하여 자신을 소개한다. 이어 원고지를 붙여 만든 양복을 입고 허리에 쇠사슬을 두른 교수가 나와 기계적으로 반복되는 삶을 살아가는 모습을 보여 준다. 처는 교수에게 번역 일을 재촉하고, 교수는 이성이 마비된 듯 혼란스러워 한다.

[A]
교수 : (신문을 혼자 읽는다.) 참 비가 많이 왔군. 강원도 쪽에 눈이 굉장한 모양인데. 또 살인이야, 이번엔 두 살 난 애가 자기 아비를 죽였대. 참 지프차가 동대문을 들이받아 동대문이 완전히 무너졌군. 지프차는 도망가 버리구. 이것 봐, 내《개성을 잃은 노동자》라는 번역품이 착취사에서 다시 나왔어. 이 씨가 또 당선됐군. 신경통에 듣는 한약이 새로 나왔는데. 끔찍해라. 남편이 자기 아내한테 또 매 맞았군.

처가 신문지를 한 장 다시 접는다. 날짜를 보더니

처 : 당신두 참, 그건 옛날 신문이에요. 오늘 것은 여기 있는데.

[B] 교수 : (보던 신문 날짜를 읽고) 오라, 삼 년 전 신문을 읽고 있었군. 오늘 신문 이리 주시오. (오늘 신문을 받아 가지고 다시 읽는다.) 참, 비가 많이 왔군. 강원도 쪽에 눈이 굉장한 모양인데, 또 살인이야. 이번엔 두 살 난 애가 자기 아비를 죽였대. 참, 지프차가 동대문을 들이받아 동대문이 완전히 무너졌군. 지프차는 도망가 버리고. 이것 봐, 내 개성을 잃은 노동자》라는 번역품이 악마사에서 다시 나왔어. 이 씨가 또 당선됐군. 신경통에 듣는 한약이 새로 나왔는데. 끔찍해라. 남편이 자기 아내한테 또 매 맞았군.

처 : 참, 세상도 무척 변했군요. 삼 년 전만 해도 그런 일이 없었는데, 당신 피곤하시죠?

장녀 : (옆방에서 화장을 하며, 장남에게) 얘, 시계가 좀 늦는데 일어선 김에 밥이나 좀 줘라.

　장남, 시계에 밥을 준다.

처 : 여기 좀 계세요. 저 밥을 좀 지을게요.
교수 : 괜찮아. 밥 먹었어.
처 : 어디서요?
교수 : 여기서 먹었던가? 아니야, 거기서 먹었던 것 같기도 하구.
처 : 언제요?
교수 : 오늘 아침에도 먹었구, 점심두……. 글쎄……. 그러다 보니 밥을 먹었는지 분간을 못 하겠군.
처 : 지금 하시는 번역은 언제 끝나요?
교수 : 지금 하는 번역이 몇 가지나 있지?
처 : 그러니까 밤낮 원고료를 잘리우지요. 《자존심의 문제》, 《예술에 있어서의 창조성》, 《어떤 여자의 고백》……. 이렇게 뿐인가요?
교수 : 그렇겠지. 아이 피곤해.
처 : 어떤 것이건 빨리 끝내야지, 어떻게 해요. 집도 수리해야겠구, 축음기도 사야겠구, 또 이달에 아버지 생일도 있잖아요.
교수 : 밤낮 생일을 치르고 있으니 어떻게 된 거요? 어제도 아버지 생일잔치를 했는데.
처 : 당신두 참! 어제는 당신 아버지 생신이었어요. 이번엔 우리 아버지 생일이구.
교수 : 그저께도 누구 아버지 생일이라고 해서 돈 만 환을 내지 않았소?
처 : 그건 대식이 동생 사촌의 며느리뻘 되는 여자의 아버지 생일이래서 그랬지요.
교수 : 그 바로 전날에도 누구 아버지 생일이라고 해서 돈을 냈는데.
처 : 그건 순자 언니 조카뻘 되는 며느리 시누이의 아버지……
교수 : 됐어, 됐어. (크게 하품을 하며) 아이, 피곤해. (이때 밖에서 시계가 여덟 시를 친다. 교수는 깜짝 놀라 일어선다.) 여덟 시야! 여덟 시! 늦겠군.
처 : 어디 가세요?
교수 : 어디 가긴 어디 가. 나 가는 데 모로시오? 옷 갈아입어야지.
〈중략〉

교수 : 아이, 피곤해.

　이때 고요한 음악이 들린다. 눈을 감고 자는 교수의 얼굴에 처음으로 미소가 돈다. 잠시 후 응접실 불이 서서히 꺼지고 플랫폼 방이 다시 나타난다. 소파 앞에 초라하게 앉아 있는 처와 소파 앞에 자리 잡고 있는 장남, 장녀.

수원대 최종모의 논술고사

장녀 : (처에게 명령조로) 양말, 하이힐!

장남 : (처에게 명령조로) 잠바, 머플러!

　처는 말이 떨어질 때마다 알았다는 듯이 머리를 끄덕이며 순응한다.

장녀 : 용돈, 교과서, 과자!

장남 : 떡국, 만둣국, 설렁탕!

장녀 : 영홧값, 연극값, 다방값!

장남 : 교제비, 차비, 동창회비!

　장남, 장녀 같이 손을 내밀면서.

장녀 : 돈!

장남 : 돈!

장녀 : 자식에 대한 책임!

장남 : 자식에 대한 책임!

　플랫폼 방의 불이 꺼지며 다시 응접실이 밝아진다. 소파에 누워 철쇄마저 어느 사이에 풀어헤치고 행복하게 잠자는 교수가 보인다. 시계가 아홉 시를 친다. 시간이 한 시간 경과하였음을 표시한다. 이때 창문을 열고 감독관이 방 안을 들여다본다. 얼굴이 흉측하게 생긴 데다 아래위를 까만 옷으로 차리고 있어 지옥의 옥리를 방불케 한다. 긴 회초리를 든 손을 방 안에 밀어 넣더니 잠자는 교수를 회초리로 때린다. 교수가 눈을 비비며 일어난다.

감독관 : 원고! 원고

교수 : (일어나며) 네, 곧 됩니다. 또 독촉이군.

감독관 : (책상을 가리키며) 원고! 원고!

　교수, 소파 한구석에 있던 가방을 집어 갖고서 황급히 책상에 가 앉는다. 가방에서 원고를 끄집어내고 책을 펼친다.

감독관 : 원고! 원고!

　이윽고 교수는 번역을 시작한다. 감독관이 창문을 닫고 사라진다. 처가 들어온다. 큰 자루를 손에 들고 있다.

처 : 어머나! 그렇게 벌거벗고 계시면 어떡해요.

　막대기에 감긴 철쇄를 줄줄 끌어다 교수 허리에 감아 준다.

처 : 감기에 걸리면 큰일 나요.

교수는 말없이 번역을 한다. 처는 의자를 하나 끌어다 교수 옆에 앉더니 큰 자루를 빌리고 교수를 주시한다.

처 : 빨리! 빨리!

교수가 말없이 원고지 한 장 쭉 찢어 처에게 넘겨준다. 처는 빼앗듯이 원고지를 가로채더니 자루 안에 쓸어 넣는다. 그리고
처 : 삼백 환!

재빠르게 다음 페이지의 번역을 끝낸 교수가 다시 한 장을 찢어 처에게 넘긴다. 처는 같은 행동을 반복하며

처 : 육백 환! (이어) 구백 환!

– 이근삼, 「원고지」

[문제 7]

위의 작품에서 [A], [B]의 동일한 신문 기사를 통해 드러난 비정상적인 사건과 무의미한 일상의 반복이 묘사하고자 하는 모습은 무엇인지 기술하시오.

〈유의사항〉

– 4어절로 기술할 것(공백 제외)

[문제 8]

다음의 〈보기〉는 위 작품에 사용된 소재의 상징성을 설명한 것이다. 빈칸에 들어갈 소재를 차례대로 쓰시오.

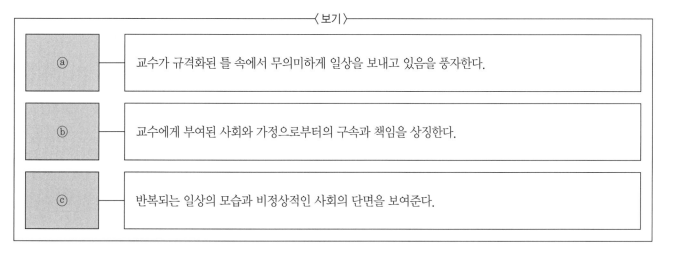

〈보기〉

ⓐ | 교수가 규격화된 틀 속에서 무의미하게 일상을 보내고 있음을 풍자한다.

ⓑ | 교수에게 부여된 사회와 가정으로부터의 구속과 책임을 상징한다.

ⓒ | 반복되는 일상의 모습과 비정상적인 사회의 단면을 보여준다.

수원대 최종모의 논술고사

[문제 9]

다음의 〈보기 1〉을 바탕으로 위의 작품을 이해할 때 〈보기 2〉의 빈칸에 들어갈 말을 〈보기 1〉에서 찾아 기술하시오.

─────〈 보기 1 〉─────

　　부조리극은 전통극의 인과 관계에 의한 플롯을 거부하고 허구적 과장, 희극적 형상화, 비이성적 인물, 의사소통의 혼란 등을 통해 인간의 부조리한 상황을 드러내는 데 주력한다.

─────〈 보기 2 〉─────

• 낮과 밤을 구분하지 못하는 교수는 (　　ⓐ　　)의 모습이다.

• 철쇄를 졸라매는 교수의 모습은 (　　ⓑ　　)을/를 통해 부조리함을 드러낸 것이다.

• 교수의 처가 돈을 쓴 생일의 주인공을 열거한 것은 인물의 (　　ⓒ　　) 과정이다.

• 교수와 처의 대화가 파편적이고 어색하게 느껴지는 것은 (　　ⓓ　　)을/를 보여 주고 있다.

수학 영역

[문제 10]

(단답형 문제)방정식 $2^{2x}-6\times2^x+8=0$의 두 근을 α, β라고 할 때, $\dfrac{8^\alpha+8^\beta}{2^\alpha+2^\beta}$의 값을 구하는 과정을 논술한 것입니다. 빈칸 ① , ② , ③ 을 채우시오.

$2^{2x}-6\times2^x+8=0$에서 $2^x=t$라고 하면 t값의 범위는 $t>0$이고 $2^{2x}-6\times2^x+8=t^2-6t+8=0$

위의 이차방정식의 두 근은 2^α, 2^β이므로,

근과 계수의 관계에 의하여

$2^\alpha+2^\beta=$ ① , $2^\alpha\times2^\beta=$ ②

따라서

$\therefore \dfrac{8^\alpha+8^\beta}{2^\alpha+2^\beta}=$ ③

[문제 11]

최고차항의 계수가 1인 이차함수

$f(x)=(x-a)^2+b$(단, a, b는 상수)에 대하여 함수

$g(x)$를 $g(x)=\begin{cases}2x+4 & (x<2)\\ f(x) & (x\geq2)\end{cases}$라 할 때, 함수 $g(x)$가

실수 전체의 집합에서 연속이고, 역함수가 존재한다. 이때

$f(4)$의 최솟값을 구하는 과정을 논술하시오.

[문제 12]

다항함수 $f(x)$가 다음 두 조건을 만족한다.

> (가) $f(0)=3$
> (나) 모든 실수 x에 대하여 $|f'(x)|\leq1$이다.

$f(3)$의 최댓값을 M, 최솟값을 m이라 할 때, $M-m$의 값을 구하는 과정을 평균값 정리를 이용하여 논술하시오.

[문제 13]

등차수열 $\{a_n\}$에 대하여 $a_{10}+a_{20}+a_{30}+a_{40}=60$일 때, $a_1+a_2+a_3+\cdots+a_{49}$의 값을 구하는 과정을 논술하시오.

[문제 14]

함수 $y=x^4-6x^3+9x^2$과 x축으로 둘러싸인 부분의 넓이를 구하는 과정을 논술하시오.

[문제 15]

$\triangle ABC$의 변의 길이가 각각 $a=4$, $b=4$, $c=2$일 때, $\triangle ABC$의 넓이를 구하는 과정을 논술하시오.

좋은 결과 있길 SISCOM이 응원합니다.

모집단위			학과(부, 전공)
성명		수험번호	

제1회 수원대학교 모의논술 답안지 [인문계]

문제 1

문제 2

문제 3

문제 4

문제 5

문제 6

수원대학교
THE UNIVERSITY OF SUWON

문제 7

문제 8

문제 9

문제 10

문제 11

문제 12

문제 13

문제 14

문제 15

문제 1

문제 2

문제 3

문제 4

문제 5

문제 6

문제 7	

문제 8	

문제 9	

문제 10

문제 11

문제 12

문제 13

문제 14

문제 15

문제 1

문제 2

문제 3

문제 4

문제 5

문제 6

문제 7	

문제 8	

문제 9	

문제 10

문제 11

문제 12

문제 13

문제 14

문제 15

문제 1

문제 2

문제 3

문제 4

문제 5

문제 6

문제 7	

문제 8	

문제 9	

문제 10

문제 11

문제 12

문제 13

문제 14

문제 15